中国特色高水平高职学校和专业建设计划建设成果
浙江省高职院校重点暨优质校建设成果
浙江省高校"十三五"优势专业投资与理财专业建设成果
浙江省普通高校"十三五"新形态教材项目
浙江省高等教育"十三五"第一批教学改革研究项目（JG20180659）阶段成果

期货投资

FUTURES INVESTMENT

主　编　杨树林
副主编　戴望秀

浙江大学出版社
ZHEJIANG UNIVERSITY PRESS

图书在版编目（CIP）数据

期货投资 / 杨树林主编. — 杭州 ： 浙江大学出版社，2021.3（2024.12重印）
ISBN 978-7-308-20692-1

Ⅰ．①期… Ⅱ．①杨… Ⅲ. ①期货交易－教材 Ⅳ.①F830.93

中国版本图书馆CIP数据核字(2020)第204496号

期货投资

杨树林　主编

责任编辑	赵　静
责任校对	董雯兰
封面设计	林智广告
出版发行	浙江大学出版社
	（杭州市天目山路148号　　邮政编码　310007）
	（网址：http：//www.zjupress.com）
排　　版	杭州林智广告有限公司
印　　刷	广东虎彩云印刷有限公司绍兴分公司
开　　本	787mm×1092mm　1/16
印　　张	9.5
字　　数	240千
版 印 次	2021年3月第1版　2024年12月第2次印刷
书　　号	ISBN 978-7-308-20692-1
定　　价	36.00元

前　言

党的二十大报告指出，"要全方位夯实粮食安全根基"，"确保中国人的饭碗牢牢端在自己手中"。截至目前，郑州商品交易所、大连商品交易所已经上市了大豆、玉米、粳米等 20 多个农产品期货、期权品种，涉粮期货、期权品种体系日益完善。于期货行业而言，"保险 + 期货"是夯实粮食安全的根基，也是服务乡村振兴的一个重要抓手，对推进期货行业在助力乡村振兴、助力共同富裕，以及保供稳价等方面起到了重要的指引作用。

党的二十大报告中提到的"坚持把发展经济的着力点放在实体经济上，建设现代化产业体系"，期货市场具有规避价格风险和价格发现的基本功能，使期货行业迎来发挥服务功能的良好机遇。推进期货行业在服务国家战略、护航实体经济、提升产业链供应链韧性等方面起到了重要的指引作用。

党的二十大报告提出的"支持中小微企业发展，深化简政放权、放管结合、优化服务改革"，场外期权能助力中小微企业发展发挥重要作用。

在调整能源消费结构方面，与绿色低碳发展密切的产业特色品种期货品种，如工业硅、碳酸锂等已经推出。在党的二十大报告中，对"重点控制化石能源消费""推进能源清洁低碳高效利用""加快规划建设新型能源体系"和"提升生态系统碳汇能力"等方面作出了具体要求。2021 年 5 月，广州期货交易所两年期品种计划获中国证监会批准。明确将包括碳排放权、电力等事关国民经济基础领域和能源价格改革的重大战略品种，工业硅、多晶硅、锂、稀土、铂、钯等与绿色低碳发展密切相关的产业特色品种的 16 个期货品种交由广期所研发上市。

中国期货业发展在稳步发展的基础上已步入快速发展期。我国期货市场交易规模快速增长，期货品种不断丰富，市场流动性不断增强，市场参与者不断增加，市场的广度和深度日益拓展，而且我国期货市场所形成的价格信息与现货市场和国际市场的关联度不断增强。目前，我国上市的期货品种覆盖农产品、有色金属、黑色金属、贵金属、能源化工、绿色低碳特色产业、金融以及指数等国民经济的主要领域，我国已经发展成为全球第一大商品期货市场，规模仅次于美国的全球第二大期货市场。

随着期货市场的大发展，对期货人才需求也更加迫切。然而，国内期货行业人才正面临储备与供给严重跟不上市场发展步伐的窘境，在当前新业务不断推出、新品种加快上市等市场扩容之际，市场对从业人员的专业知识、专业技能、专业职业素质提出了更高的要求，这就需要高校紧跟行业发展动态，多举措加大期货人才培养力度，为期货行业持续地输送适应市场新业务与新品种的合适人才。发展期货业与党的二十大报告中提到的发展战略定位相契合，编写出既适应经济发展又符合学校发展定位和专业发展优势的新形态一体化教材有着重要意义。

基于期货与金融衍生品课程具有较复杂的理论性和较强的实践性，学生学习起来会力不从心，经过多年教学改革与实践，我们摸索出一套教学方法，构建了期货投资课程的先导技能课程体系，将期货基础知识和期货投资基本技能有机结合，体现了"实践走在理论之前，实践教学带动理论教学"的专业学习理念，让学生先"动"起来，形成边实践边理论的制度设计，提升学生的专业学习兴趣，提高专业课程的教学效果。其内容体系不是一味地只讲操作，也包含一些基础的理论知识，课程内容的目的是让学生在操作中产生兴趣与疑问，为未来的理论学习奠定基础，加深学习者对期货基本知识的理解与实务知识的掌握，提高自己的综合应用能力、分析能力和实务操作能力。

《期货投资》分为九个实训项目，内容包括期货基础知识入门、期货行情软件应用、期货行情看盘及信息搜集、期货交易流程、期货投机与套利、期货价格分析、金融期货交易、期权交易、量化交易等，教材重实践操作、辅以必要的基础知识，结合实训操练，让学习者能熟练使用行情软件，能查看投资品种行情走势，并能对该品种的走势做出一定的判断。本教材既可作为高职院校财富管理类专业的技能教材，也可作为非财富管理类专业的课程教材。同时，本教材也可以作为社会大众学习期货知识与投资技巧、学习期货投资操作的手册。

本教材注重新形态立体化教材的开发，配套有"浙江省高等学校精品课程在线开放课程共享平台"的在线开放课程资源，书中还会增加对应知识点的辅助教学材料二维码，借助多媒体技术和互联网技术将教学内容、教学资源和数字化教学支持服务以多种媒介、多种形态、多个层次进行整合，具有更好的灵活性、开放性和动态性。教材内容适时更新，反映当前行业发展最新动态和监管要求。建有核心知识点的配套微课视频，实现教材资源线上线下的有机结合。全本教材采用新形态形式编撰，配套有微课视频、PPT 课件、课后练习、参考答案等。

书中信息和数据来自相关期货交易所官网、期货公司网站、财经网站等，由于各种原因，我们未能在书中一一标明出处，在此一并表示感谢，如有不妥之处，我们表示歉意。虽然我们对本书各章具体内容进行仔细校对，但因时间仓促，加之缺乏经验，难免会有错误或遗漏之处。敬请各位专家与广大读者不吝指正，我们会在修订时及时给予更正。

本书在编写过程中得到信达期货有限公司慷慨相助，我们谨在此对他们表示诚挚的谢意！

编者

2023.11.28

Contents **目　录**

项目一
期货基础知识入门

➤ 能力目标

熟悉期货的基本概念及期货交易的特征，熟悉期货品种并理解期货合约的条款，增进学生对期货的感性认识，并能够通过网络查询中外期货市场的现状与发展趋势。

➤ 知识目标

1. 了解期货交易的形成与发展。

2. 掌握期货交易与现货交易、远期交易的异同。

3. 了解期货合约的主要条款与规定，查询期货品种。

4. 掌握期货交易的基本特征。

5. 了解中外主要期货交易所。

➤ 知识链接

期货是指按照期货交易所交易规则、双方当事人约定，同意在未来特定时间，依特定价格与数量等交易条件买卖交收商品，或到期结算差价的契约。期货的英文单词是 futures，是由 future（未来）一词演化而来，交易双方不必在买卖发生的初期就交收实货，而是共同约定在未来的某一时间交收实货，故称其为"期货"。期货不是货，通常是指以某种大宗商品或金融资产为标的的可交易的标准化合约。

一、期货交易的形成与发展

期货市场最早萌芽于欧洲，早在古希腊和古罗马时期，就出现过中央交易场所、大宗易货交易以及带有期货贸易性质的交易活动。现代意义上的期货交易在 19 世纪中期产生于美国芝加哥。1848 年，芝加哥的 82 位商人发起组建了芝加哥期货交易所 (CBOT)。芝加哥期货交易所成立后，期货市场逐渐发展起来，新的品种也逐渐引入。1874 年 5 月，芝加哥商业交易所 (CME) 成立，1876 年 12 月，伦敦金属交易所 (LME) 成立。期货交易起源于远期交易，远期交易的集中化和组织化，为期货市场的形成奠定了基础。

二、期货交易、现货交易与远期交易的区别

在发达的市场经济体系中，期货交易与现货交易、远期交易共同构成有分工而又密切联系的多层次的交易体系。

现货交易是买卖双方出于对商品需求或销售的目的，主要采用实时进行商品交收的一种交易方式。期货交易是指在期货交易所内集中买卖期货合约的交易活动，是一种高度组织化的交易方式，对交易对象、交易时间、交易空间等方面有较为严格的限定。期货交易的对象是标准化的期货合约，是由期货交易所统一制定的，规定在将来某一特定的时间和地点交割一定数量和质量商品的标准化合约。期货交易与现货交易的区别见表 1-1。

表 1-1　期货交易与现货交易的区别

区别项	期货交易	现货交易
交易对象	标准化合约	商品
交割时间	存在时间差，商流和物流分离	即时或很短时间内成交，商流和物流在时空上基本一致
交易目的	转移风险或追求风险收益	获得或让渡商品所有权
交易场所与方式	交易所集中交易，公开竞价	场所和方式无特定限制
结算方式	每日无负债结算	一次性结算为主，货到付款或分期结算为辅

远期交易是指买卖双方签订远期合同，规定在未来某一时间进行商品交收的一种交易方式。远期交易属于现货交易，是现货交易在时间上的延伸。期货交易与远期交易的区别见表 1-2。

表 1-2　期货交易与远期交易的区别

区别项	期货交易	远期交易
交易对象	标准化合约	非标准化合约，合同要素由买卖双方商定
交易目的	转移风险或追求风险收益	获得或让渡商品所有权
功能作用	规避风险或价格发现	具有一定的转移风险的作用
履约方式	对冲平仓，到期交割	商品交收
信用风险	非常小	较高
保证金制度	合约价值的 5% ~ 10%	双方协商定金

期货的产生

三、期货品种

期货品种主要由商品期货与金融期货组成。

商品期货是指标的物为实物商品的期货合约。商品期货历史悠久，种类繁多，主要包括农产品期货、金属期货和能源期货。

金融期货是指以金融工具或金融产品作为标的物的期货交易方式。其合约标的物不是实物商品，而是金融工具或金融产品，如外汇、债券、股票指数等。

随着商品期货、金融期货交易实践的不断深化和发展，期货交易的应用范围并不局限于商品和金融领域，而是可以应用于社会、政治和经济等各个领域，因而国际期货市场上出现了天气期货、信用期货、指数期货、选举期货等期货交易品种。（如图 1-1、1-2）

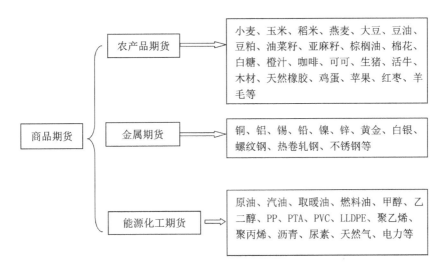

图 1-1　商品期货的主要类型

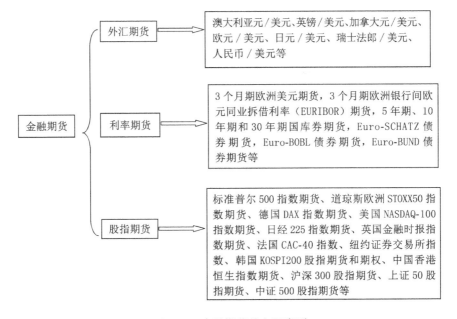

图 1-2　金融期货的主要类型

四、期货交易的基本特征

期货交易的基本特征可归纳为如下 6 个方面：

（1）合约标准化。期货合约标准化是指除价格外的所有条款都是预先由期货交易所统一规定好的，这给期货交易带来很大便利，交易双方无需对交易的具体条款进行协商，节约交易时间，减少交易纠纷。

（2）杠杆机制。交易者在进行期货交易时只需要缴纳少量的保证金，一般为成交合约价值的 5%～10%，就能完成数倍乃至数十倍的合约交易，具有以少量资金就可以进行较大价值额的投资的特点。

（3）双向交易。双向交易是指期货交易者既可以买入期货合约作为期货交易的开端（称为买入建仓），也可以卖出期货合约作为交易的开端（称为卖出建仓，即使投资者不拥有商品也可以卖出建仓），也就是通常所说的"买空卖空"。

（4）对冲机制。在期货交易中，大多数交易者并不是通过合约到期时进行交割来履行合约，而是通过与建仓时的交易方向相反的交易来解除履约责任，即买入建仓之后可以通过卖出相同合约的方式解除履约责任，卖出建仓后可以通过买入相同合约的方式解除履约责任。

（5）当日无负债结算制度。在每个交易日结束后，对交易者当天的盈亏状况进行结算，在不同交易者之间根据盈亏情况进行资金划转，如果交易者亏损严重，保证金账户资金不足时，则要求交易者必须在下一日开市前追加保证金，做到"当日无负债"。

（6）交易集中化。期货市场是一个高度组织化的市场，期货交易最终在期货交易所内集中完成。

五、认识期货标准化合约的规定

期货合约是指由期货交易所统一制定的、规定在将来某一特定的时间和地点交割一定数量和质量商品的标准化合约。它是期货交易的对象，期货交易参与者正是通过在期货交易所买卖期货合约，来转移价格风险，获取风险收益。期货合约是在现货合同和现货远期合约的基础上发展起来的，但它们最本质的区别在于期货合约条款的标准化。

在期货市场交易的期货合约，其标的物的数量、质量等级和交割等级及替代品升贴水标准、交割地点、交割月份等条款都是标准化的，这使期货合约具有普遍性特征。期货合约中，只有期货价格是唯一变量，在交易所以公开竞价方式产生。

期货合约各项条款的设计对期货交易有关各方的利益以及期货交易能否活跃至关重要。

期货合约的主要条款有：合约名称；交易单位与合约价值；报价单位；最小变动价位；每日价格最大波动限制；合约交割月份；交易时间；最后交易日；交割日期；交割等级；交割地点；交易手续费；交割方式；交易代码。以阴极铜期货合约为例，见表 1-3。

期货基础知识

表 1-3　《上海期货交易所阴极铜期货合约》（修订版）

交易品种	阴极铜
交易单位	5 吨／手
报价单位	元（人民币）／吨
最小变动价位	10 元／吨
涨跌停板幅度	上一交易日结算价 ±3%
合约月份	1～12 月
交易时间	上午 9:00—11:30，下午 1:30—3:00 和交易所规定的其他交易时间
最后交易日	合约月份的 15 日（遇国家法定节假日顺延，春节月份等最后交易日交易所可另行调整并通知）
交割日期	最后交易日后连续三个工作日
交割品级	标准品：阴极铜，符合国标 GB/T467-2010 中 1 号标准铜（Cu-CATH-2）规定，其中主成分铜加银含量不小于 99.95%。
	替代品：阴极铜，符合国标 GB/T467-2010 中 A 级铜（Cu-CATH-1）规定；或符合 BS EN 1978:1998 中 A 级铜（Cu-CATH-1）规定。
交割地点	交易所指定交割仓库
最低交易保证金	合约价值的 5%
交割方式	实物交割
交割单位	25 吨
交易代码	CU
上市交易所	上海期货交易所

注：根据 2020 年 8 月 18 日上海期货交易所发布的公告 [2020]134 号修订。

我国目前上市的期货及期权合约有 70 余个，分别在上海期货交易所、郑州商品交易所、大连商品交易所和中国金融期货交易所上市，具体合约的详细规定，可以见期货交易所官网。

国内四大期货交易所的 73 个品种（截至 2020 年 5 月 4 日）见图 1-3、表 1-4、表 1-5、表 1-6、表 1-7。

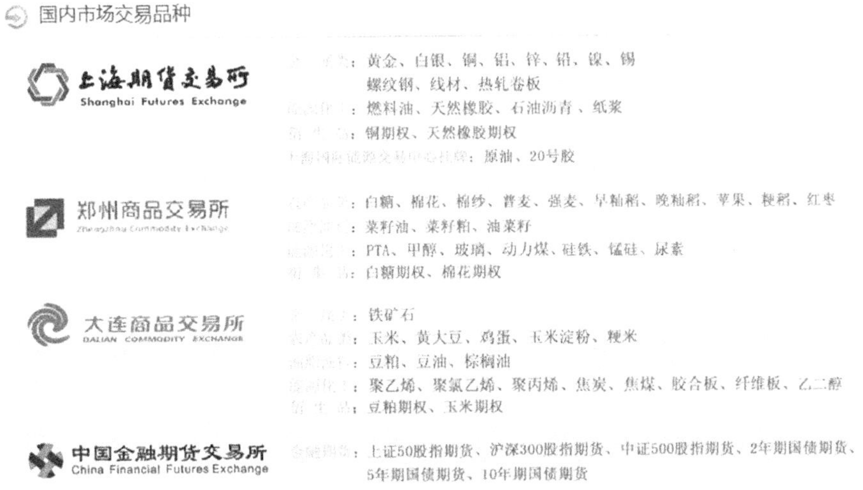

国内市场交易品种

金属品种：黄金、白银、铜、铝、锌、铅、镍、锡
螺纹钢、线材、热轧卷板
能源品种：燃料油、天然橡胶、石油沥青、纸浆
期权品种：铜期权、天然橡胶期权
上海国际能源交易中心挂牌：原油、20 号胶

郑州商品交易所

农产品种：白糖、棉花、棉纱、普麦、强麦、早籼稻、晚籼稻、苹果、粳稻、红枣
油脂油料：菜籽油、菜籽粕、油菜籽
化工品种：PTA、甲醇、玻璃、动力煤、硅铁、锰硅、尿素
期权品种：白糖期权、棉花期权

大连商品交易所

矿产品种：铁矿石
农产品种：玉米、黄大豆、鸡蛋、玉米淀粉、粳米
油脂油料：豆粕、豆油、棕榈油
化工品种：聚乙烯、聚氯乙烯、聚丙烯、焦炭、焦煤、胶合板、纤维板、乙二醇
期权品种：豆粕期权、玉米期权

金融品种：上证50股指期货、沪深300股指期货、中证500股指期货、2年期国债期货、5年期国债期货、10年期国债期货

图 1-3

表1-4 上海期货交易所上市品种及代码

类别	品种	代码
期货	阴极铜	CU
	铝	AL
	锌	ZN
	铅	PB
	橡胶	RU
	燃油	FU
	螺纹钢	RB
	线材	WR
	黄金	AU
	白银	AG
	镍	NI
	锡	SN
	沥青	BU
	热轧卷板	HC
	纸浆	SP
	不锈钢	SS
	原油	SC
	20号胶	NR
期权	阴极铜期货期权	看涨期权：CU-合约月份-C-行权价格 看跌期权：CU-合约月份-P-行权价格
	天然橡胶期货期权	看涨期权：RU-合约月份-C-行权价格 看跌期权：RU-合约月份-P-行权价格
	黄金期货期权	看涨期权：AU-合约月份-C-行权价格 看跌期权：AU-合约月份-P-行权价格

表1-5 郑州商品交易所上市品种及代码

类别	品种	代码
期货	菜油	OI
	玻璃	FG
	白糖	SR
	甲醇	MA
	PTA(精对苯二甲酸)	TA
	棉花	CF
	普麦	PM
	强麦	WH
	菜籽	RS
	早籼	RI
	动力煤	ZC
	粳稻	JR

类别	品种	代码
期货	晚籼	LR
	硅铁	SF
	棉纱	CY
	苹果	AP
	红枣	CJ
	尿素	UR
	锰硅	SM
	菜粕	RM
	纯碱	SA
期权	白糖期权	看涨期权：SR- 合约月份 -C- 行权价格 看跌期权：SR- 合约月份 -P- 行权价格
	棉花期权	看涨期权：CF- 合约月份 -C- 行权价格 看跌期权：CF- 合约月份 -P- 行权价格
	PTA 期权	看涨期权：TA- 合约月份 -C- 行权价格 看跌期权：TA- 合约月份 -P- 行权价格
	甲醇期权	看涨期权：MA- 合约月份 -C- 行权价格 看跌期权：MA- 合约月份 -P- 行权价格
	菜籽粕期权	看涨期权：RM- 合约月份 -C- 行权价格 看跌期权：RM- 合约月份 -P- 行权价格

表 1-6　大连商品交易所上市品种及代码

类别	品种	代码
期货	棕榈油	P
	铁矿石	I
	黄豆一	A
	黄豆二	B
	豆粕	M
	豆油	Y
	焦煤	JM
	焦炭	J
	玉米	C
	玉米淀粉	CS
	鸡蛋	JD
	聚乙烯	L
	聚丙烯	PP
	纤维板	FB
	胶合板	BB
	粳米	RR
	苯乙烯	EB
	乙二醇	EG

续表

类别	品种	代码
期货	聚氯乙烯	PVC
	液化石油气	PG
期权	豆粕期货期权	看涨期权：M-合约月份-C-行权价格 看跌期权：M-合约月份-P-行权价格
	玉米期货期权	看涨期权：C-合约月份-C-行权价格 看跌期权：C-合约月份-P-行权价格
	铁矿石期货期权	看涨期权：I-合约月份-C-行权价格 看跌期权：I-合约月份-P-行权价格
	液化石油气期货期权	看涨期权：PG-合约月份-C-行权价格 看跌期权：PG-合约月份-P-行权价格

表1-7　中国金融期货交易所上市品种及代码

类别	品种	代码
期货	沪深300股指	IF
	上证50股指	IH
	中证500股指	IC
	五年国债	TF
	十年国债	T
	二年国债	TS
期权	沪深300股指期权	看涨期权：IO合约月份-C-行权价格 看跌期权：IO合约月份-P-行权价格

六、认识国内外期货市场

我国70个衍生品上市历程

目前我国共设立四家期货交易所，分别为上海期货交易所、郑州商品交易所、大连商品交易所和中国金融期货交易所。

上海期货交易所是依照国家法律、法规和规章规定设立的期货交易所，受中国证券监督管理委员会集中统一监督管理，履行规定职责，并按照交易所章程实行自律管理的法人。上海期货交易所目前上市交易的有黄金、白银、铜、铝、锌、铅、螺纹钢、线材、燃料油、天然橡胶等十余个期货品种，现有会员400多家（其中期货经纪公司会员占近80%），在全国各地开通远程交易终端700多个。随着行业风险控制能力的强化提高、市场交易的持续活跃和规模的稳步扩大，市场功能及其辐射影响力显著增强，铜期货作为世界铜期货市场三大定价中心权威报价之一的地位得到进一步的巩固；天然橡胶期货价格得到国内外各方的高度关注；燃料油期货在探索能源类期货发展的道路上稳健运行；锌期货上市，与铜、铝期货关联，初步形成了有色金属期货品种系列；黄金期货上市，为促进黄金市场的发展、增进商品期货市场与金融市场的联系开辟了新路径；钢材期货上市，将逐步优化钢材价格形成机制，促进钢铁工业健康有序发展，进一步提高我国钢铁价格的国际影响力。

上海期货交易所

郑州商品交易所（以下简称"郑商所"）是经国务院批准成立的我

郑州商品交易所

国首家期货市场试点单位，隶属中国证券监督管理委员会管理。郑商所实行会员制，会员大会是郑商所的权力机构，由全体会员组成。理事会是会员大会的常设机构，下设咨询顾问委员会和品种、交易、监察、自律管理、财务与审计、技术、风险管理等7个专门委员会。截至2012年底，郑商所共有会员209家，分布在全国27个省区市，其中期货公司会员167家，占会员总数的80%，非期货公司会员42家，占会员总数的20%。

大连商品交易所成立于1993年2月28日，是经国务院批准并由中国证监会监督管理的四家期货交易所之一，也是中国东北地区唯一一家期货交易所。经中国证监会批准，目前上市交易的有玉米、玉米淀粉、黄大豆1号、黄大豆2号、豆粕、豆油、棕榈油、纤维板、胶合板、鸡蛋、粳米、聚乙烯、聚氯乙烯、聚丙烯、焦炭、焦煤、铁矿石、乙二醇、苯乙烯和液化石油气共计20个期货品种。成立20年以来，大商所规范运营、稳步发展，已经成为我国重要的期货交易中心。截至2012年年末，大商所共有会员178家，指定交割库91个，2012年期货成交量和成交额分别达12.66亿手和66.64万亿元。根据美国期货业协会（FIA）公布的全球主要衍生品交易所成交量排名，2012年大商所在全球排名第11位。经过多年发展，大商所期货品种价格已成为国内市场的权威价格，为相关各类企业的生产经营提供了价格"指南针"和"避风港"，并为国家宏观调控提供了有效的价格参考。

大连商品交易所

中国金融期货交易所是经国务院同意，中国证监会批准，由上海期货交易所、郑州商品交易所、大连商品交易所、上海证券交易所和深圳证券交易所共同发起设立的金融期货交易所。中国金融期货交易所于2006年9月8日在上海成立，注册资本为5亿元人民币。中国金融期货交易所的成立，对于深化金融市场改革，完善金融市场体系，发挥金融市场功能，具有重要的战略意义。中国金融期货交易所的主要职能是：组织安排金融期货等金融衍生品上市交易、结算和交割，制订业务管理规则，实施自律管理，发布市场交易信息，提供技术、场所、设施服务，以及中国证监会许可的其他职能。中国金融期货交易所实行会员分级结算制度，会员分为结算会员和非结算会员，结算会员按照业务范围分为交易结算会员、全面结算会员和特别结算会员。实行会员分级结算制度，形成多层次的风险控制体系，强化了中国金融期货交易所的整体抗风险能力。中国金融期货交易所采用电子化交易方式，不设交易大厅和出市代表。金融期货产品的交易均通过交易所计算机系统进行竞价，由交易系统按照价格优先、时间优先的原则自动撮合成交。采用电子化交易方式体现了中国金融期货交易所的高效、透明、国际化的发展思路。

中国金融期货交易所

国际著名期货交易所介绍：

（1）芝加哥商业交易所（CME）

芝加哥商业交易所是美国最大的期货交易所，也是世界上第二大买卖期货和期货期权合约的交易所。芝加哥商业交易所向投资者提供多项金融和农产品交易。

芝加哥商业交易所 CME

（2）芝加哥期货交易所（CBOT）

芝加哥期货交易所是当前世界上交易规模最大、最具代表性的农产品交易所。2006年10月17日，美国芝加哥城内的两大交易所——

芝加哥期货交易所 CBOT

芝加哥商业交易所与芝加哥期货交易所正式合并为芝加哥交易所集团，总市值达到 250 亿美元。

（3）纽约商业交易所（NYMEX）

纽约商业交易所是美国第三大期货交易所，也是世界上最大的实物商品交易所。该交易所成立于 1872 年，坐落于曼哈顿市中心，主要为能源和金属提供期货和期权交易。

纽约商业交易所 NYMEX

（4）伦敦金属交易所（LME）

伦敦金属交易所成立于 1876 年，为港交所间接全资附属公司，是世界上最大的有色金属交易所，其金属价格和库存对世界范围的有色金属生产和销售有着重要的影响。21 世纪初起，伦敦金属交易所开始公开发布其成交价格并被广泛采纳为世界金属贸易的基准价格。

伦敦金属交易所 LME

（5）洲际交易所（ICE）

美国洲际交易所成立于 2000 年 5 月，总部位于美国佐治亚州亚特兰大，投资者来自 7 家商品批发商。同年晚些时候，6 家天然气及电力公司收购了该公司的股权。2001 年，该公司在伦敦收购了国际石油交易所。2007 年与纽约期货交易所合并；2010 年与气候交易所合并。

美国洲际交易所 ICE

（6）芝加哥期权交易所（CBOE）

芝加哥期权交易所成立于 1973 年 4 月 26 日，是由芝加哥期货交易所（CBOT）的会员所组建。在此之前，期权在美国只是少数交易商之间的场外买卖。芝加哥期权交易所建立了期权的交易市场，推出标准化合约，使期权交易产生革命性的变化，标志着期权交易进入了标准化、规范化的全新发展阶段。芝加哥期权交易所先后推出了股票的买权（Call Options）和卖权（Put Options）都取得了成功。

芝加哥期权交易所 CBOE

（7）欧洲期货交易所（EUREX）

欧洲期货交易所的前身为德国期货交易所（DTB）与瑞士期货期权交易所（SOFFEX）。为了应对欧洲货币联盟（EMU）的形成及欧元（Euro）时代的来临，面对日益激烈的竞争态势，德国期货交易所的集团母公司德国交易所集团与瑞士交易所决定建立策略联盟，1998 年由德意志交易所集团（DBAG）和瑞士证券交易所（SWX）共同投资成立欧洲期货交易所，总部设于瑞士苏黎世。欧洲期货交易所为一全面电子化交易所，其电子交易平台可以提供广泛的国际基准产品的访问。

欧洲期货交易所 EUREX

（8）东京工业品交易所（TOCOM）

东京工业品交易所又称东京商品交易所，是日本唯一的综合商品交易所，也是目前世界上最大的铂金和橡胶交易所，且其黄金和汽油的交易量位居世界第二位，仅次于美国的纽约商业交易所。

东京工业品交易所
TOCOM

（9）新加坡国际金融交易所（SIMEX）

新加坡国际金融交易所成立于 1984 年，是亚洲第一家金融期货交易所，交易品种涉及期货、期权合约、利率、货币、股指、能源和黄金等。

新加坡国际金融交易所
SIMEX

七、中外期货市场的发展趋势

从我国期货市场历年交易情况 (1993—2019 年) 来看，随着我国期货市场的飞速发展，期货品种不断丰富，市场流动性不断增强，市场参与者不断增加，市场的广度和深度日益拓展，我国期货市场所形成的价格信息与现货市场和国际市场的关联度不断增强。目前，我国上市的期货品种覆盖农产品、有色金属、贵金属、能源化工、金融等国民经济的主要领域，我国已经发展成全球第一大商品期货市场。(如图 1-3)

图 1-3 我国期货市场历年交易情况 (1993—2019 年)

经过长期的发展，国际期货市场大致经历了由商品期货到金融期货、交易品种不断增加、交易类别结构不断变化、交易规模不断扩大的过程。国际期货市场发展历程见表 1-8。新兴市场国家的期货市场发展迅速，对国际期货市场的影响力逐渐提升，中国、巴西、俄罗斯、印度和韩国的交易所发展迅速，跻身全球主要交易所行列。

表 1-8 国际期货市场历史大事件回顾

1848 年	成立世界上第一家期货交易所——芝加哥期货交易所
1851 年	农产品远期合约开始交易
1865 年	推出标准化期货合约，实行保证金制度
1876 年	伦敦金属交易所成立并推出金属商品期货
1882 年	允许以对冲的方式免除履约责任
1925 年	成立世界上第一家期货交易所结算公司——芝加哥期货交易所结算公司
1972 年	芝加哥商业交易所推出全球最早金融期货
1974 年	纽约商业交易所推出全球首个能源期货
1988 年	中国国务院批准期货市场试点
1995 年	中国香港开始股票期货交易，首次出现个股期货
2007 年	芝加哥商业交易所与芝加哥期货交易所合并成立芝加哥交易所集团
2010 年	中国最早的股指期货沪深 300 股指期货开始交易
2018 年	中国推出原油期货，以人民币计价，快速推动人民币国际化

美国期货业协会日前发布了 2018 年全球期货期权交易报告。（如图 1-4）

图 1-4　国际期货市场历年交易情况（2010—2018 年）

▶ **实训任务**

1. 自测题一。

2. 列举案例区分远期交易与期货交易。

3. 扫码认识期货、期权标准化合约的规定，重点关注期货、期权合约的主要条款（如交易代码、交易单位等）。

FIA2018 年全球期货期权
交易报告

自测题一

项目二
期货行情软件应用

▶ **能力目标**

能从期货公司网站下载安装期货软件，运用期货行情软件进行行情查询，准确获得行情信息；熟练掌握期货软件的基本功能。

▶ **知识目标**

1. 了解几种主要的期货行情软件。

2. 掌握期货行情软件的下载与安装。

3. 掌握期货行情软件的运行和期货行情查询。

4. 掌握期货行情软件功能应用。

▶ **知识链接**

现在市面上的期货软件有很多，但主流期货行情软件有两个：博易大师和文华财经。期货软件可以分为：期货行情软件；期货交易软件；期货行情与交易一体化软件。期货行情交易一体化是目前主流的期货行情软件类型。

一、主要期货行情软件介绍

（一）博易大师行情分析系统

博易大师是那牛网与上海澎博网络数据信息咨询有限公司合作推出的一款期货行情软件，是国内期货主流行情软件之一。该软件采用领先的计算机开发技术、全方位的设计方案，支持国内 / 国际期货、金融指数、上海深圳证券、外汇等市场的实时行情显示及图表技术分析，支持 24 小时全球品种看盘需求，适合大部分客户使用；自带用户名与密码、买卖点提示指标，使用简捷方便、功能完备实用、股市行情数据接收快速准确；集成自定义指标、套利分析、商品叠加、快速下单程序化交易等多种实用工具。

其特色主要有以下六点。

（1）经典界面简洁明了，很适合期货市场新手入门，博易大师闪电手支持行情和交易联动，支持一键下单功能，方便好用。

（2）历史回忆：整屏可显示近 10 日分时走势，历史分时灰屏显示，可查询某一日的历史分时。

（3）实时价量仓统计：成交统计、竞买率、换手统计均是实时地随行情而变动。

（4）商品叠加：两个或两个以上的商品以绝对或相对坐标，在 K 线图中用不同颜色叠加。

（5）套利分析：进行两个相关品种的对比，通过研究差值和比值，看出这个品种是否存在套利机会。

（6）自定义指标：使用指标公式编辑器个性化添加或修改各类指标。

（二）文华行情分析系统

文华行情分析系统在技术分析方面配备了 62 个分析指标和开放式的指标公式编辑平台，给市场研究人员、资深技术分析师提供了一个施展才华的舞台。利用平台提供的 14 个运算符和 63 个函数，用户可以把自己的投资经验变成指标公式，绘出图表。

画线分析方面，文华行情分析系统配备了 10 种画线工具以及算法编辑平台，客户可以根据自己的经验，修改和优化画线的算法。其中，大势分析线是文华公司研究的、独有的画线分析工具，是对斐波那契数列和艾略特波浪理论进行深入研究后得出的一种很有效的大势研判工具。

其特色主要有以下三点。

（1）有期货主力合约专栏，无须用户每月自选加入。

（2）独有文化商品指数板块。

（3）行情界面较博易大师复杂一些，适合有交易经验的期货客户使用。

三大功能特色：

1. 三键下单

传统下单板完成一次下单需要确定开平方面、买卖方向去点多个按钮，不仅浪费时间，还容易出错。

三键下单简化下单操作步骤，将开、平独立分区，开仓时只需选择买多卖空，平仓出场时点击平仓即可（电脑帮你判断买平还是卖平），比传统下单板更清晰明确，节省判断思考时间。（如图 2-1）

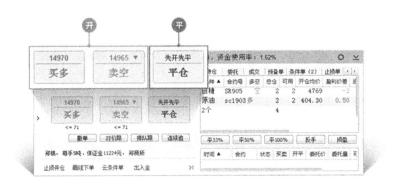

图 2-1

2. 画线下单

在图表盯盘时，发现交易时机出现后需调出下单页面进行下单操作，烦琐且贻误战机。

画线下单通过画线的方式在 K 线图表上快速做出下单操作，将盯盘和下单操作更好地融为一体，解决了盯盘下单操作慢的问题。另外，画线下单在云端保存，不受本机断电、断网、关机的影响。（如图 2-2）

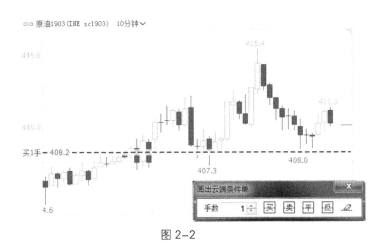

图 2-2

3. 拖线止损

在图表盯盘时，需要调出下单界面再去做止损，步骤太烦琐。

使用拖线下单，直接在图表上拖动持仓线即可设置止损，更快速、精准。（如图 2-3）

图 2-3

二、期货行情软件下载与安装

博易大师行情分析系统

以校企合作单位信达期货软件为例。

1. 登录系统

登录信达期货网站下载客户端（http://www.cindaqh.com/ ）。

普通客户下载：3.0 版博易大师行情分析系统、网上交易系统。

UFT 客户下载：博易大师闪电手（UFT 交易版）。

① 双击博易大师的图标 即会弹出登录界面，如图 2-4 所示。

图 2-4

② 在登录界面中，选择登录主站并输入用户名和密码，然后点击【登录】。

行情站点择优选择原则：

①电信用户连电信站点，联通用户连联通站点。

②就近选择，比如杭州、上海客户，选择杭州电信主站登录。

小提示：

①此处输入的用户密码是客服部开的博易行情账号，非本人交易账号。

②为了提高登录速度，最好不要勾选更新证券市场代码。

2. 界面介绍

2.1 系统界面

系统界面根据界面布局和视觉效果不同，可分菜单、工具栏、系统页面、状态栏这四种界面，如图 2-5 所示。

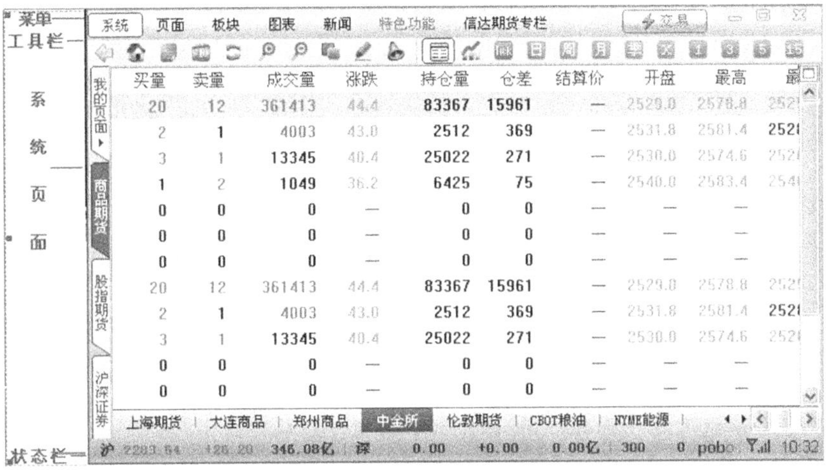

图 2-5

2.2 报价界面（如图 2-6）

图 2-6

备注：

a. 只有在菜单栏工具—选项—界面布局中选择"工具栏靠上"时，才能看到增加的走势图、闪电图和周期 K 线的快捷按钮。

b. 在报价界面可以对"买价""卖价"进行字体的放大，操作方法：单击右键选择属性，选中行买—卖—字体放大。

2.3 闪电图（如图 2-7）

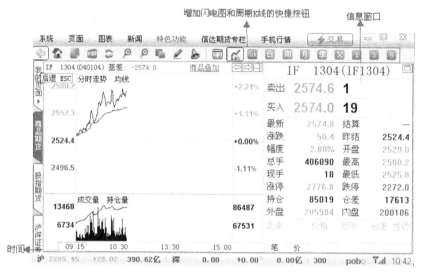

图 2-7

备注：

a. 只有在菜单栏工具—选项—界面布局中选择"工具栏靠上"时，才能看到增加的走势图、闪电图和周期 K 线的快捷按钮。

b. 闪电图中的白线代表右侧信息窗口中每一笔价格。

c. 闪电图中的黄线代表均价线。

2.4 分时图（如图 2-8）

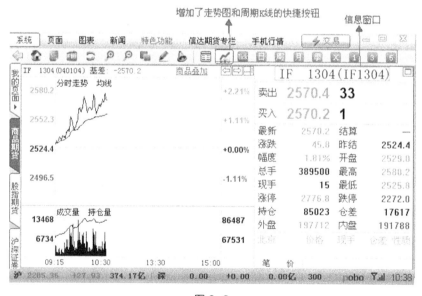

图 2-8

备注：

a. 只有在菜单栏工具—选项—界面布局中选择"工具栏靠上"时，才能看到增加的走势图、闪电图和周期 K 线的快捷按钮。

b. 分时走势图是每一分钟画一个点，白线中每个点代表每分钟的最后一笔成交价。

c. 分时走势图中黄线为均价线。

2.5 K线图（如图2-9）

图2-9

备注：

a. 只有在菜单栏工具—选项—界面布局中选择"工具栏靠上"时，才能看到增加的走势图、闪电图的快捷按钮。

b. K线图界面由主图和副图组成，可实现多图组合，只需在K线图空白处单击鼠标右键选择"视图组合"即可。

c. 用键盘左右箭头浏览K线时，箭头光标会自动隐藏。

2.6 新闻（如图2-10）

图2-10

备注：

新闻界面的新闻分类显示，上方显示新闻类型，下方显示此类型的新闻列表。

3. 调入系统页面

博易大师中共有 3 个系统页面：商品期货、股指期货、沪深证券。

3.1 商品期货页面

点击系统页面处的"商品期货"即可调入商品期货页面，如图 2-11 所示。

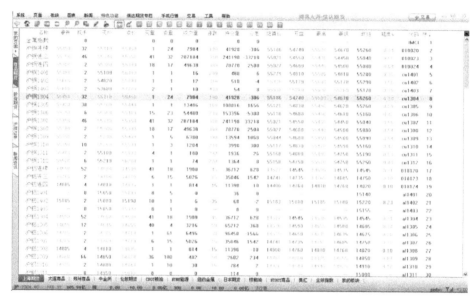

图 2-11

3.2 股指期货页面

点击系统页面处的"股指期货"即可进入股指货页面，如图 2-12 所示。

图 2-12

3.3 沪深证券页面

本公司未采购博易证券行情，无法提供股票行情，请通过其他方式查询。

4. 报价界面

点击菜单中的【图表】，选择【报价画面】即可进入报价界面。

4.1 选择板块

方式1：报价画面下方显示的板块，可直接点击板块名称进行选择。

方式2：报价画面下方未显示的板块，可点击菜单中的【板块】进行选择。

4.2 板块设置

4.2.1 新建板块

① 点击菜单中的【工具】，选择【板块设置】。

② 在"编辑板块"对话框中点击【新建】，如图2-13所示。

图2-13

③ 在"编辑板块股"对话框中编辑板块信息后点击【确定】，如图2-14所示。

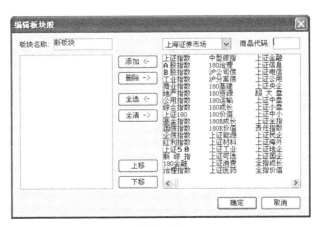

图2-14

备注：需调入自定义板块时，可点击菜单中的【板块】，选择【自选板块】。

4.2.2 修改板块

① 点击菜单中的【工具】，选择【板块设置】。

② 在"编辑板块"对话框中选中板块，点击【修改】，如图 2-13 所示。

③ 在"编辑板块股"对话框中修改好板块信息后点击【确定】，如图 2-14 所示。

4.2.3 删除板块

① 点击菜单中的【工具】，选择【板块设置】。

② 在"编辑板块"对话框中选中板块，点击【删除】，如图 2-13 所示。

4.3 编辑报价栏目

① 在报价界面点击菜单中的【工具】，选择【报价栏目】。

② 在"编辑栏目"对话框中对报价栏目进行编辑后点击【确定】，如图 2-15 所示。

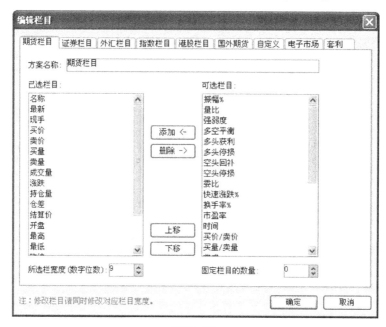

图 2-15

备注：

a. 编辑板块的报价栏目时需选择对应的栏目分类。

例如编辑"上海期货"板块的报价栏目时应选择"期货栏目"。

b. 固定的栏目在报价界面无法通过选中后直接拖动的方式来改变其位置。

5. 分时图界面

在报价界面双击商品或选中商品后按回车键（Enter）即可进入其分时图界面。

5.1 历史回忆

在博易大师中可查看某商品近 10 日或某一具体日期的历史分时图。

在分时图界面点击菜单中的【特色功能】，选择【历史回忆】。

例：查看股指 1304 近 2 日的历史回忆，如图 2-16 所示。

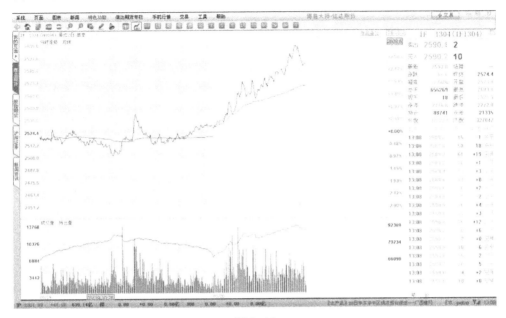

图 2-16

5.2 成交明细

在分时图界面直接按 F1 即可调出商品的成交明细，如图 2-17 所示。

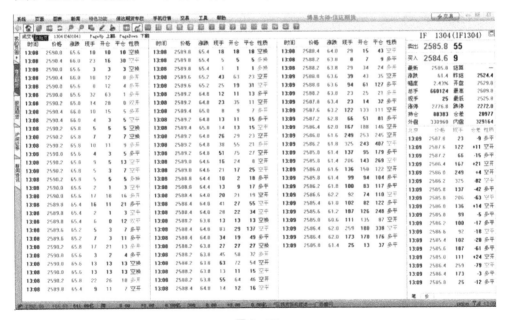

图 2-17

备注：成交明细分三栏显示，滚动鼠标滚轮可上下翻页。

5.3 价量分布（如图 2-18）

方式 1：在分时图界面点击菜单中的【特色功能】，选择【价量分布】。

方式 2：在分时图界面直接按"F2"键。

图 2-18

6. K 线界面

在分时图界面直接按回车键即可进入 K 线图界面。

6.1 商品叠加

①在 K 线图界面点击菜单中的【特色功能】，选择【商品叠加】。

②在"选择商品"对话框中选择要叠加的商品以及坐标类型，然后点击【确定】，如图 2-19 所示。

图 2-19

备注：商品价格相差较小时可选择"绝对坐标"叠加；商品价格相差较大时可选择"相对坐标"叠加。

例：在沪铜 1008 上选择以"绝对坐标"叠加沪铜 1012 后，如图 2-20 所示。

图 2-20

备注：

a. 博易大师目前支持 8 个商品以不同的颜色同时叠加。

b. 删除叠加的商品时，先选中该商品 k 线，然后按"Del"键即可。

6.2 套利分析

① 在 K 线图界面点击菜单中的【特色功能】，选择【套利分析】。

② 在"选择商品"对话框中选择套利的商品、数据项、类型，然后点击【确定】，如图 2-21 所示。

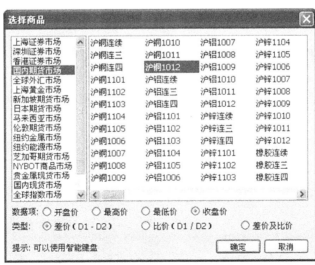

图 2-21

备注：

a. 商品交易的货币单位相同（如都是人民币）时可选择"差价"进行套利；交易的货币单位不同时可选择"比价"进行套利。

b. 差价和比价同时套利，可选择"差价及比价"。

例：沪铜 1008 和沪铜 1012，选择用"收盘价""差价"套利后，如图 2-22 所示。

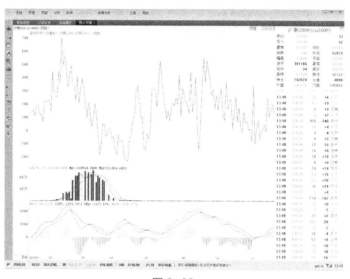

图 2-22

6.3 指标

6.3.1 调出指标

在 K 线图界面，点击菜单中的【特色功能】，选择【选择指标】。

6.3.2 删除调出的指标

在 K 线图界面选中指标（选中后指标线上会出现很多白色的小方块），然后按"Del"键即可。

6.3.3 指标管理

6.3.3.1 新建指标

① 在 K 线图界面，点击菜单中的【特色功能】，选择【指标管理】。

② 在"指标管理"对话框中点击【新建】，如图 2-23 所示。

图 2-23

备注：

a. 点击【分组管理】可新建和删除指标分组。

b. "分组"中显示的是指标分组；"全部"中显示的是所有指标（按名称字母排序）；"自编"中显示的是所有自定义的指标。

③ 在"指标编辑器"对话框中对指标进行编辑后点击【测试】，显示"测试通过"后点击【确定】，如图 2-24 所示。

图 2-24

备注：

a. 新建指标的名称不能与已有指标名称重复。

b. 指标属性：副图（指标作为副图显示）、主图叠加（指标叠加在主图上显示）、主图（指标作为主图显示）。

6.3.3.2 修改指标

① 在 K 线图界面点击菜单中的【特色功能】，选择【指标管理】。

② 在"指标管理"对话框中选中指标，然后点击【修改】，如图 2-23 所示。

③ 在"确认"对话框中点击【是】，如图 2-25 所示。

图 2-25

④ 在"指标编辑器"对话框中对指标进行修改后点击【测试】，显示"测试通过"后点击【确定】，如图 2-24 所示。

6.3.3.3 删除指标

① 在 K 线图界面点击菜单中的【特色功能】，选择【指标管理】。

② 在"指标管理"对话框中选中指标，然后点击【删除】，如图 2-23 所示。

6.4 周期更换

在 K 线图界面直接点击右上角的【周期】按钮即可进行周期选择，如图 2-26 所示。

图 2-26

6.5 画线

在 K 线图界面，点击工具栏中的画线工具图标 即会弹出画线工具对话框，如图 2-27 所示。

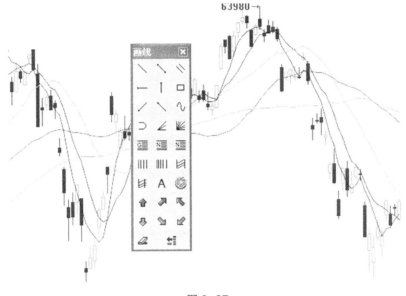

图 2-27

备注：

a. 删除自画线时，先点击画线工具对话框中的图标 ，再点击自画线。

b. 点击画线工具对话框中的图标 可删除所有自画线。

6.6 视图组合

在 K 线图界面，点击鼠标右键，选择【视图组合】，如图 2-28 所示。

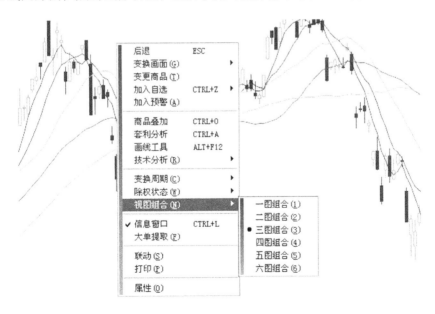

图 2-28

6.7 坐标

6.7.1 更改主图坐标

在 K 线图界面，点击鼠标右键，选择【技术分析】，再选择【主图坐标】，如图 2-29 所示。

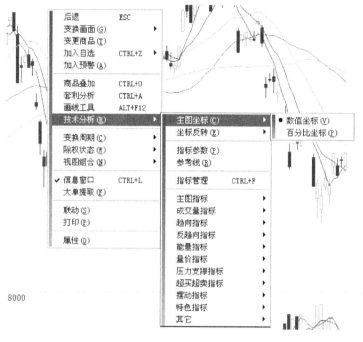

图 2-29

6.7.2 坐标反转

在 K 线图界面，点击鼠标右键，选择【技术分析】，再选择【坐标反转】，如图 2-30 所示。

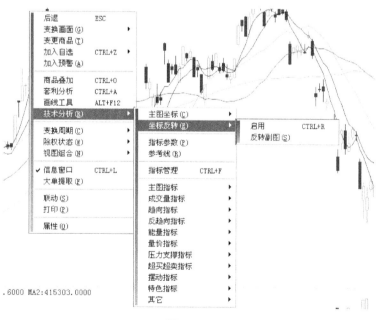

图 2-30

7. 新闻界面

7.1 调出新闻界面

点击工具栏中的新闻图标即可调出新闻界面。

7.2 查看新闻

在新闻界面，双击新闻列表中的新闻即可查看新闻的详细内容。

7.3 搜索新闻

在新闻界面右上角的查找框中输入相应的关键字，然后点击【查找】。

8. 退出系统

方式1：点击菜单中的【系统】，选择【退出系统】。
方式2：直接点击右上角的关闭按钮。

9. 补充说明

9.1 工具栏

后退
走势图
K线图
起始页
新闻
背景资料
数据刷新
放大
缩小
显示风格
画线工具
预警设置
在线技术支持
交易

9.2 切分窗口

① 点击菜单中的【页面】，选择【新建】。

② 在窗口中点击鼠标右键，选择【切分窗口】，如图 2-31 所示。

图 2-31

备注：

a. "横切"将窗口均分成上下两个窗口。

b. "竖切"将窗口均分成左右两个窗口。

例：将窗口先横切，然后再选中下方的窗口将其竖切，切分后如图 2-32 所示。

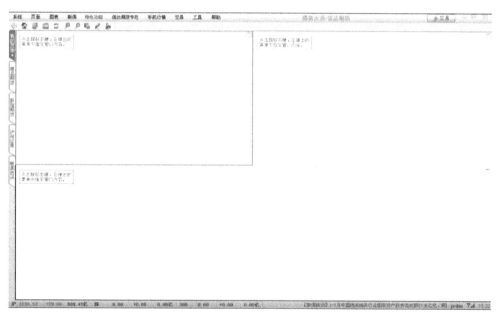

图 2-32

③ 在每个窗口中点击鼠标右键，选择【变换画面】可调入显示画面。

例：如图 2-33，在上面的窗口显示报价画面，左下角的窗口显示分时图，右下角的窗口显示 K 线图。

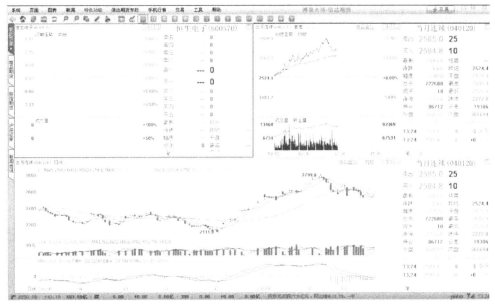

图 2-33

备注：点击菜单中的【系统】，选择【联动】可实现双击报价画面中的其他商品时，下面的分时图和 K 线图也随之切换。

④点击菜单中的【页面】，选择【保存页面】可将页面进行保存。

备注：

a. 删除自定义页面时，可点击菜单中的【页面】，选择【页面管理】，然后选中自定义的页面，再点击【删除】。

b. 调入自定义页面时，点击"默认页面"，然后选择所需调入的页面即可，如图 2-34 所示。

图 2-34

9.3 加入自选

利用"加入自选"可将所关注的商品放到一个板块中（"我的板块"或自定义板块）。在报价界面选中商品，然后点击鼠标右键，选择【加入自选】，如图 2-35 所示。

沪铜1105	55550		8	55500	55690	1	3	52	380
沪铜1006	55250		4	55220	55270	57	34	2620	400
沪铜1007	55260		4	55220	55260	10	53	4130	410
沪铜1008		变换画面 (P) ▶				41	2	124470	
沪铜1009	55280	添加板块 CTRL+M				3	11	329816	460
沪铜1010	55290	关闭板块 CTRL+C				8	11	5772	420
沪铜1011	55260	板块设置 (B)				3	2	586	370
沪铜1012	55380							476	460
沪铝连续	14950	加入自选 CTRL+Z ▶ 我的板块 新板块1						2744	15
沪铝连三	15410	加入预警 (A)				4	10	14432	35
沪铝连四	15545	隐藏 (H) 取消隐藏 (W)				13	21	1364	45
沪铝1101	15750	编辑栏目 (E)				3	5	42	35
沪铝1102	15810	打印 (P)				2	5	50	40
沪铝1103	15845	属性 (O)				2	1	76	25
沪铝1104	15910		4	15825	15925	3	3	92	90
沪铝1105	15850		8	15850	15940	2	3	202	15

图 2-35

9.4 显示 / 隐藏信息窗口

点击▦按钮即可显示或隐藏信息窗口，如图 2-36 所示。

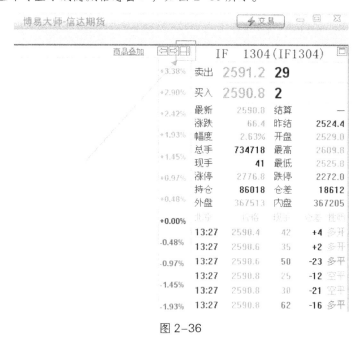

图 2-36

9.5 显示风格

博易大师中有"白色经典""黑色经典"两种显示风格，点击工具栏中的显示风格图标▦即可进行切换。

"白色经典""黑色经典"分别如图 2-37、图 2-38 所示。

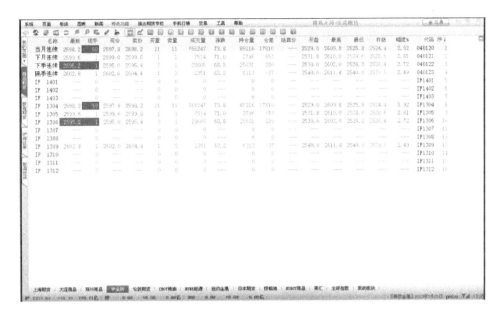

图 2-37

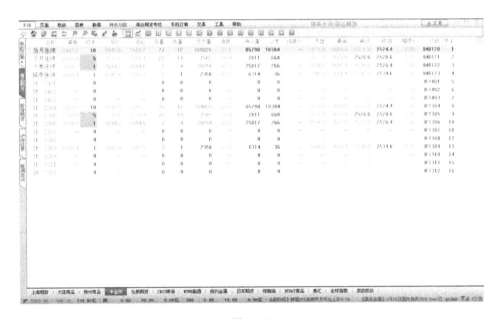

图 2-38

9.6 颜色字体

① 点击菜单中的【工具】，选择【颜色字体】。

② 点击相应的选项卡，在图片中选中所需修改的内容，然后分别在颜色或字体设置中进行修改，如图 2-39 所示。

图 2-39

备注：

a. 在"视觉效果设置"对话框中，中间位置有图片和指标颜色、报表颜色、文档颜色三个选项卡，其左下方是颜色设置，右下方是字体设置。

b. 指标颜色、报表颜色、文档颜色三个选项卡中的图片分别显示的是 K 线图界面与分时图界面、报价界面、新闻界面中可进行颜色或字体修改的内容。

c. 在图片中选中所需修改的内容后，在颜色和字体设置中会自动定位到所选内容对应的名称。

9.7 预警

9.7.1 添加预警

① 点击博易大师工具栏中的预警设置图标。

② 在"预警系统"对话框中点击【设置】，如图 2-40 所示。

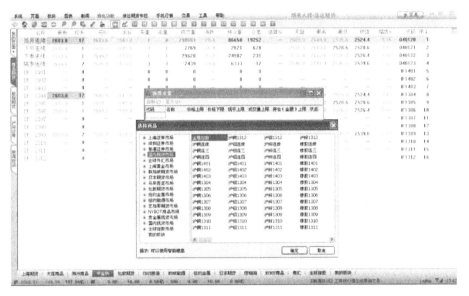

图 2-40

③ 在"预警设置"对话框中点击【添加】，如图 2-41 所示。

图 2-41

④ 在"选择商品"对话框中选择需设置预警的商品，如图 2-42 所示。

图 2-42

⑤ 在"修改预警条件"对话框中勾选设置相应的预警条件以及预警提示音，如图 2-43 所示。

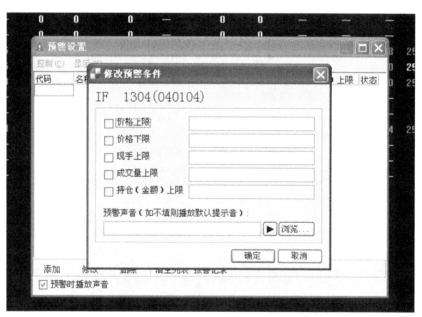

图 2-43

备注：

a. 可对同一商品设置多个预警条件。

b. 当设置了多个预警条件时，达到其中某一个条件即会报警。

c. 已经报警过的项目不会继续报警，除非再次对其进行设置。

9.7.2 修改或删除预警

① 点击博易大师工具栏中的预警设置图标 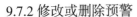。

② 在"预警系统"对话框中点击【设置】，如图 2-40 所示。

③ 在"预警设置"对话框的列表中选中商品，然后点击【修改】或【删除】，如图 2-40 所示。

9.8 快捷键

博易大师中有许多快捷键，了解和利用这些快捷键可以使操作更方便、快速。

点击博易大师菜单中的【帮助】，选择【快捷键】，如图 2-44 所示。

图 2-44

点击"快捷键说明"对话框中的【自定义快捷键】可对快捷键进行自定义，如图 2-45 所示。

图 2-45

10. 其他

10.1 安装

双击博易大师的安装文件即可进行安装，安装过程如图 2-46、图 2-47、图 2-48、图 2-49、图 2-50 所示。

图 2-46

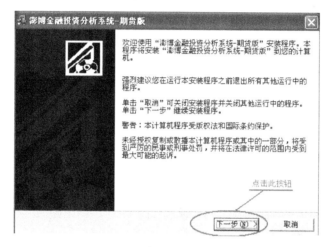

图 2-47

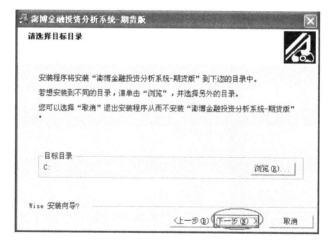

图 2-48

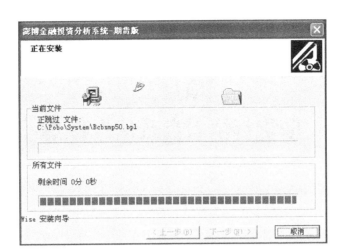

图 2-49

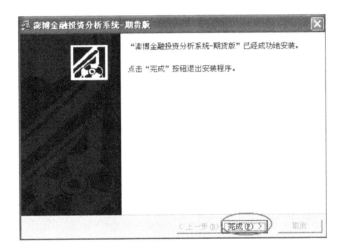

图 2-50

10.2 卸载

博易大师是绿色软件，无卸载程序，卸载时只需删除相关的文件夹和快捷图标即可。

相关文件夹包括：安装目标文件夹、保存自定义的文件夹。

点击博易大师菜单中的【工具】，选择【我的目录】，打开的即是保存自定义的文件夹。

▶ 实训任务

1.下载安装行情软件，运行行情系统。

2.练习正确使用行情软件的基本功能。

期货 APP 操作手册

项目三
期货行情看盘及信息搜集

> **能力目标**

能进行期货行情看盘；能搜集到国内外期货价格行情即时以及历史信息；能搜集到影响期货价格的相关资讯，会进行期货网站的使用及收藏。

> **知识目标**

1. 进行期货行情看盘。

2. 进行国内外期货价格行情信息搜集。

3. 进行影响期货价格的相关资讯搜集，期货网站的使用及收藏。

> **知识链接**

一、期货基本术语

头寸：一种市场约定，即未进行对冲处理的买或卖期货合约数量。对买进者，称处于多头头寸；对卖出者，称处于空头头寸。

买空 / 卖空：看涨价格并买入期货合约称买空；看跌价格并卖出期货合约称卖空。

期货升水 / 期货贴水：在某一特定地点和特定时间内，某一特定商品的期货价格高于现货价格称为期货升水；期货价格低于现货价格称为期货贴水。

正向市场：在正常情况下，期货价格高于现货价格。

反向市场：在特殊情况下，期货价格低于现货价格。

持仓：交易者手中持有期货合约称为持仓。

斩仓：指在交易中，所持头寸与价格走势相反，为防止亏损过多而采取的平仓措施。

牛市：处于价格上涨期间的市场。

熊市：处于价格下跌期间的市场。

开仓：期货交易者买入或者卖出期货合约的行为。

平仓（对冲）：期货交易者买入或者卖出与其所持期货合约的品种、数量及交割月份相同但交易方向相反的期货合约，了结期货交易的行为。

成交量：某一合约在当日交易期间所有成交合约的双边数量。

持仓量：期货交易者所持有的未平仓合约的双边数量。

持仓限额：期货交易所对期货交易者的持仓量规定的最高数额。

撮合成交：期货交易所的计算机交易系统对交易双方的交易指令进行配对的过程。

期货合约的交易价格：该期货合约的交割标准品在基准交割仓库交货的含增值税价格。

当日结算价：某一期货合约当日成交价格按照成交量的加权平均价。当日无成交价格的，以上一交易日的结算价作为当日结算价。

强制减仓：交易所将当日以涨跌停板价申报的未成交平仓报单，以当日涨跌停板价与该合约净持仓盈利客户（或非经纪会员，下同）按持仓比例自动撮合成交。

合约单位净持仓盈亏：客户持有的该合约的单位净持仓按其净持仓方向的持仓均价与当日结算价之差计算的盈亏。

保证金：交易者按照规定标准交纳的资金，用于结算和保证履约。

结算：根据交易结果和交易所有关规定对会员交易保证金、盈亏、手续费、交割货款及其他有关款项进行计算、划拨的业务活动。

仓单：由交割仓库开出并经期货交易所认定的标准化提货凭证。

交易保证金：会员在交易所专用结算账户中确保合约履行的资金，即已被合约占用的保证金。当买卖双方成交后，交易所按持仓合约价值的一定比率收取交易保证金。

追加保证金：当客户的必须保证金少于一定数量时，经纪公司要求客户补足的部分。

浮动盈亏：未平仓头寸按当日结算价计算的未实现盈利或亏损。

风险准备金：由交易所设立，用于维护期货市场正常运转提供财务担保和弥补因交易所不可预见风险带来的亏损的资金。

当日盈亏：是指期货合约以当日结算价计算的盈利和亏损，当日盈利划入会员结算准备金，当日亏损从会员结算准备金中扣划。

交割差价：最后交易日结算时，交易所对会员该交割月份持仓按交割结算价进行结算处理，产生的盈亏为交割差价。

实物交割：期货合约到期时，根据交易所的规则和程序，交易双方通过该期货合约所载商品所有权的转移，了结未平仓合约的过程。

限价指令：执行时必须按限定价格或更好价格成交的指令。它的特点是如果成交，一定是客户预期或更好的价格。

二、期货行情看盘

（一）主要期货价格

在期货行情分析中，主要期货价格包括：开盘价、收盘价、最高价、最低价、结算价。

开盘价是指某一期货合约开市前5分钟内经集合竞价产生的成交价格。集合竞价未产生成交价格的，以集合竞价后第一笔成交价为开盘价。表3-1第9列是开盘价，其中rb2005期货合约的开盘价是3551元/吨。

表3-1 2020年1月23日的上海期货交易所螺纹钢期货延时行情收市报价

合约名称	最新价	涨跌	持仓量	成交量	成交金额	买卖价	昨结算	开盘	最低	最高	现手
rb2002	3620	-45	3536	35	1269340	3601/3620	3665	3668	3586	3668	
rb2003	3540	-58	8133	429	15356490	3524/3539	3598	3592	3519	3598	
rb2004	3541	-69	2010	184	6536430	3532/3540	3610	3592	3532	3592	
rb2005	3500	-36	1269146	901368	31683683340	3499/3500	3536	3551	3491	3552	
rb2006	3443	-15	4935	294	10114590	3431/3442	3458	3467	3426	3475	
rb2007	3419	-34	2796	80	2738440	3416/3449	3453	3457	3418	3457	
rb2008	3434	-35	1031	185	6365560	3418/3445	3469	3474	3432	3474	
rb2009	3417	-21	1908	279	9553160	3414/3419	3438	3454	3404	3454	
rb2010	3363	-22	275277	82427	2779082080	3363/3365	3385	3400	3355	3403	
rb2011	3330	-11	1102	104	3465490	3322/3349	3341	3360	3322	3360	
rb2012	3304	-16	1309	60	1984730	3303/3325	3320	3324	3295	3343	
rb2101	3262	-13	78207	23810	777444770	3260/3262	3275	3289	3252	3290	

收盘价是指某一期货合约当日交易的最后一笔成交价格。表3-1是期货行情收市报价，其中，rb2005期货合约的收盘价是3500元/吨。

最高价是指一定时间内某一期货合约成交价中的最高成交价格。表3-1中的第11列（最高价）是交易当天达到的最高价。其中，rb2005期货合约的最高价是3552元/吨。

最低价是指一定时间内某一期货合约成交价中的最低成交价格。表3-1中的第10列（最低价）是交易当天达到的最低价。其中，rb2005期货合约的最低价是3491元/吨，当天成交价格在3491元/吨～3552元/吨的区间内波动。

最新价是指某一期货合约在当日交易期间的即时成交价格。

涨跌是指某一期货合约在当日交易期间的最新价与上一交易日结算价之差。表3-1中第3列涨跌幅度为-36元/吨，即rb2005期货合约的最新价（3500元/吨）和上一交易日结算价（3536元/吨）的差是-36元/吨。

当日结算价是指某一期货合约当日成交价格按照成交量的加权平均价。当日无成交价格的，以上一交易日的结算价作为当日结算价。表3-1中，没有当日结算价格，第8列数据是上一个交易日的结算价格。rb2005期货合约的上一交易日的结算价格是3536元/吨。

（二）期货价格的图示法

表述期货价格走势的主要图示方法有：闪电图和分时图、K线图和竹线图。闪电图和分时图通常在日内交易时使用；K线图和竹线图适用于较长时间段。

1. 闪电图与分时图

闪电图（Tick图）是指将每一个期货成交价都在坐标图中标出的图示方式。分时图是在图中按时间等分，将每分钟的最新价格标出的图示方法，它随着时间延续就会出现一条弯弯曲曲的曲线。（如图3-1）

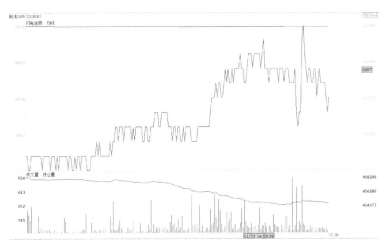

图 3-1　日内闪电图（棕榈油 2005 合约 2020 年 1 月 23 日闪电图）

　　图 3-2 是中国金融期货交易所 2020 年 1 月 23 日 if2002 合约日内分时走势图。图中上框内较粗的就是价格，较细的是当日即时均价；下框内竖直线为交易量。

图 3-2　if2002 合约日内分时走势图

　　闪电图和分时图的好处是过程清晰，但其缺点是不适用于较长时间的分析。因而，这两种图通常只是在日内交易时使用。如果分析的时间段长一些，通常采用 K 线图或竹线图。

2. K 线图

　　K 线图形似蜡烛，又称蜡烛图。在 K 线图中，每根"蜡烛"代表一个规定的时间段，这个时间段可以是 5 分钟、60 分钟、一天、一周、一个月甚至是一年。如果是一天，则称为日 K 线图；如果是一个月，则称为月 K 线图。K 线图中，只保留该时间段内的四个价格，那就是开盘价、收盘价、最高价和最低价。（如图 3-3）

　　绘制 K 线图的规则是：纵向代表价格，横向代表时间，开盘价与收盘价形成一个矩形。当收盘价高于开盘价时，这个矩形以白色表示，称为阳线；当开盘价高于收盘价时，这个矩形以黑色表示，称为阴线。有时为了加强视觉效果，还用红色代表阳线，蓝色代表阴线。观察 K 线图，可以很明显地看出该日市况"低开高收"还是"高开低收"，形象鲜明，直观实用。

图 3-3　棕榈油 2005 合约 K 线图

3. 竹线图

竹线图与 K 线图组成要素完全一样，其唯一差别是：最高价和最低价之间为一条竖线段。开盘价以位于竖线左侧的短横线表示，收盘价以位于竖线右侧的短横线表示，如图 3-4 所示。竹线图的另一种画法是不标出开盘价，也有人将此称作条形图，如图 3-5 所示。

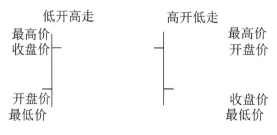

图 3-4　单根竹线图

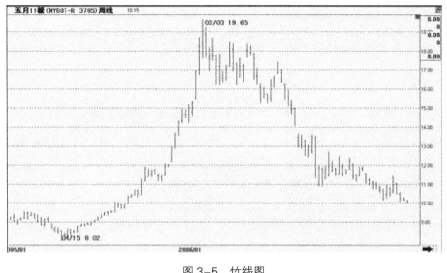

图 3-5　竹线图

三、交易量、持仓量与价格

（一）交易量

交易量是指一段时间（一般分为 5 分钟、15 分钟、30 分钟、一小时、一日、一周、一个月和一年等）里买入的合约总数或卖出的合约总数。在每一交割月份合约中，全体买方买入的合约总数必然与全体卖方卖出的合约总数相等，因此，合约交易量的统计通常只计算其中一方成交的合约数。2020 年 1 月 1 日之前，在中国内地，不同期货交易所对合约交易量的统计有所差别，中国金融期货交易所采取单边计算，而其他三家期货交易所采取双边计算。为推动期货市场数据统计标准与国际接轨，进一步提升期货市场规则的统一性，方便期货市场参与者进行统计分析和比较，便利境内外投资者参与，证监会规定于 2020 年 1 月 1 日起各商品期货交易所期货市场行情信息的数据统计、发布和报送口径统一调整为单边计算。

交易量水平可以反映市场价格运动的强烈程度。交易量越大，市场的强烈程度越高。一般可以通过分析价格变化与交易量变化的关系来验证价格运动的方向，即价格变动是沿原来趋势还是反转，或力度减弱等。如果在价格上升时交易量上升，则说明在价格上升时大量交易者跟市买入；如果在交易量下跌时价格亦下跌，则表明在价格下降时跟市卖出者很少。这两种情况均表明市场处于技术性强市。相反，如果量价分离，一升一降，则表明市场处于技术性弱市。因为价格上升时交易量下降，说明市场交易者不愿意跟市买入；在价格下跌时交易量上升，说明市场交易量大多看空市场，跟市卖出者较多。

交易量经常被用于价格形态分析。

交易量分析在期货市场与股票市场有所不同。究竟应该采用某个合约的交易量还是采用所有合约交易量的总额作为验证指标目前尚有争议。所有期货合约都有到期日，这一点与股票是不同的。从期货合约上市至到期，成交量逐渐增加然后逐渐减小是正常的变动趋势，因此可以采用所有合约交易量的总额作为分析指标。但是，当同一种商品的不同合约中，有些收市价格有所上升，而另外一些反而有所下降的时候，交易量总额也存在较大的问题。

（二）持仓量

持仓量，又称未平仓合约数量，是指到某日收市时为止，没有对冲了结的合约量。一份合约必须既有买家又有卖家，因此多头未平仓合约数与空头未平仓合约数相等。2020 年 1 月 1 日以前我国商品期货市场的持仓量是按双边统计的，而股指期货市场却是按单边统计的，之后统一调整为单边计算。持仓量增加，表明资金在流入市场，多空双方交易兴趣在上升；持仓量减少，表明资金在流失，多空双方的交易兴趣下降。理论上，期货市场中的持仓量是无限大的，尤其在"逼仓"的情况下，持仓量往往创出天量。

1. 市场持仓结构分析

市场持仓结构及其变化通常会受到投资者的特别关注。（如表 3-2）持仓结构分为报告持仓和非报告持仓，报告持仓又分为非商业持仓和商业持仓。非商业持仓主要是指基金等大机构的投机仓位，商业持仓主要是指套期保值的套保仓位，而非报告持仓主要体现散户投机力量。一般认为，基金是市场价格行情的推动力量，其净多、净空的变化对价格变化有很大的影响。因而，市场非常重视美国商品期货交易委员会的持仓报告，不少分析人员将其作为影响行情的重要因素来看待。

表 3-2 每日结算会员成交持仓排名（合约 :IC2002 交易日期 :20200123）

成交量排名				持买单量排名				持卖单量排名			
名次	会员简称	成交量	比上交易日增减	名次	会员简称	持买单量	比上交易日增减	名次	会员简称	持卖单量	比上交易日增减
1	中信期货	14926	1709	1	中信期货	7407	935	1	中信期货	8910	647
2	国泰君安	12927	1033	2	国泰君安	6218	161	2	国泰君安	4729	−174
3	海通期货	10774	1921	3	中金期货	4949	968	3	海通期货	4486	124
4	华泰期货	8477	1598	4	海通期货	3231	126	4	上海东证	4097	477
5	上海东证	6558	1134	5	华泰期货	2955	151	5	申银万国	2858	−145
6	五矿经易	5781	1413	6	兴证期货	1979	−405	6	华泰期货	2632	−20
7	兴证期货	5525	−408	7	银河期货	1971	293	7	兴证期货	2498	4
8	光大期货	5291	1128	8	五矿经易	1934	−418	8	中金期货	2050	−109
9	西部期货	5046	753	9	永安期货	1753	98	9	光大期货	1695	−22
10	广发期货	4659	110	10	申银万国	1720	191	10	国信期货	1678	498
11	永安期货	4348	961	11	广发期货	1662	−407	11	西部期货	1616	582
12	银河期货	4256	929	12	国投安信	1485	−205	12	永安期货	1567	−430
13	申银万国	3952	587	13	上海东证	1468	−183	13	国投安信	1540	−306
14	国投安信	3807	75	14	西部期货	1453	188	14	广发期货	1512	216
15	东兴期货	3574	649	15	大地期货	1408	503	15	五矿经易	1468	47
16	国信期货	3534	584	16	光大期货	1312	−93	16	银河期货	1465	353
17	中信建投	3511	1003	17	国信期货	1176	352	17	宏源期货	1389	193
18	方正中期	2917	−3	18	中信建投	1068	287	18	中信建投	1261	−56
19	宏源期货	2825	973	19	平安期货	1063	−96	19	国富期货	1249	−391
20	中融汇信	2771	226	20	方正中期	1048	39	20	方正中期	1064	−32
合计		115459	16375			47260	2485			49764	1456

2. 交易量与持仓量的关系

成交量和持仓量的变化可以反映合约交易的活跃程度和投资者的预期，而交易量和持仓量的变动有以下关系：（1）只有当新的买入者和卖出者同时入市时，持仓量才会增加，同时交易量增加；（2）当买卖双方有一方做平仓交易时（即换手），持仓量不变，但交易量增加；（3）当买卖双方均为原交易者，双方均为平仓时，持仓量下降，交易量增加。（见表 3-3）

表 3-3 多空交易行为与持仓量关系表

买 方	卖 方	持仓量的变化
多头开仓	空头开仓	增加（双开仓）
多头开仓	多头平仓	不变（多头换手）
空头平仓	空头开仓	不变（空头换手）
空头平仓	多头平仓	减少（双平仓）

如表 3-3 所示，如果买卖（多空）双方均建立了新的头寸，则持仓量增加。如果双方均是平仓了结原有头寸，则持仓量减少。如果一方开立新的交易头寸，而另一方平仓了结原有交易头寸，则持仓量维持不变，这包括多头换手和空头换手两种情况。通过分析持仓量的变化，可以知道资金是流入市场还是流出市场。

图 3-6、图 3-7 为棕榈油 2005 合约 2020 年 1 月 23 日收盘前仓差与持仓性质的关系明细。

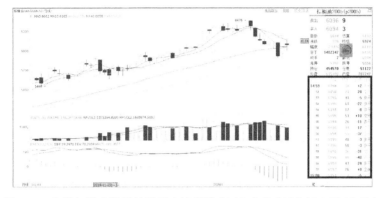

图 3-6　仓差与持仓性质关系图（棕榈油 2005 合约 2020 年 1 月 23 日）

时间	价格	现手	仓差	性换
14:59	6098	30	+2	多升
:53	6098	71	-28	空平
:53	6096	41	-5	多平
:54	6096	61	-22	多平
:54	6098	17	-8	多平
:55	6098	53	+10	空开
:55	6094	26	-11	多平
:56	6096	44	-17	空平
:56	6098	55	-37	空平
:57	6096	48	-3	多平
:57	6096	56	-3	多平
:58	6096	38	-31	空平
:58	6096	40	-40	双平
:59	6094	43	-28	多平
:59	6092	26	+0	空换
15:00	6094	7	-5	空平

图 3-7 局部放大明细

（三）交易量、持仓量与价格的关系

三者的具体关系如下：

（1）交易量和持仓量随价格上升而增加。在交易量上升、持仓量上升的同时，如果价格也出现上涨，这种价格的上涨通常能够得以持续。因为交易量上升，说明目前位置交投活跃；持仓量上升，说明多空双方均增加入场头寸。这时的价格如果向着多头方向，那么之后它很可能在多头继续加仓和空头止损的影响下继续向上运行。

（2）交易量和持仓量增加而价格下跌。在交易量上升、持仓量上升的同时，价格如果出现下降，这种下跌通常能够得以持续，并有可能出现加速下跌的情况。因为交易量上升，说明目前位置交投活跃；持仓量上升，说明多空双方均增加入场头寸。这时的价格如果向着空头方向运行，那么之后很可能在空头继续加仓和多头止损的影响下继续向下运行。同时由于商品价格存在自由落体的特性，价格的下跌很可能还会出现加速的情况。

（3）交易量和持仓量随价格下降而减少。交易量下降、持仓量下降的同时价格下降，这种情况不需要过多分析，因为在此情况下，价格失去支撑，出现下降比较正常。但后续走势通常有两种可能：一种是价格出现快速下行，之后企稳并以相对较低的价格震荡整理；另一种可能就是直接在目前相对较低的位置进行震荡整理。而新的趋势，则需要交易量和持仓量出现新的增长后才会出现。

（4）交易量和持仓量下降而价格上升。交易量下降，持仓量下降的同时，价格上升的持续性已经不值得继续期待了。这个道理不难理解，因为在此情况下，不仅双方均在平仓，而且交投正在变得极不活跃。这种情况最常出现在一轮多头行情的末期，或是在某个合约从主力合约变为非主力合约之后。具体是哪种可能，根据持仓量的值是否处于该品种的正常范围就可以进行判断。

从以上交易量、持仓量和价格之间的变化关系，我们不难看出，价格的变化一定要有足够的交易量和持仓量来支撑，否则就难以持续。在一般情况下，如果成交量、未平仓量与价格同向，其价格趋势可继续维持一段时间；如果两者与价格反向，价格走势可能转向。当然，这还需结合不同的价格形态作进一步的具体分析。

交易量、持仓量与价格走势的关系较为复杂，一般认为，如果交易量和持仓量均增加，则当前价格趋势很可能按照现有方向继续发展（无论是上涨还是下跌）；如果交易量和持仓量都减少，则当前价格趋势或许即将终结。（见表3-4，图3-8）

表3-4　价格、交易量与持仓量关系表

价格	交易量	持仓量	市场
上涨	增加	增加	坚挺
上涨	减少	减少	疲弱
下跌	增加	增加	疲弱
下跌	减少	减少	坚挺

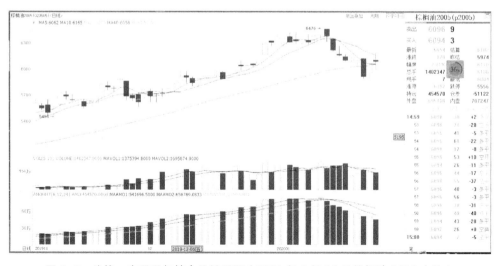

图3-8　价格、交易量与持仓量关系图（2020年1月23日棕榈油2005合约）

持仓量成交量
与价格的关系

四、期货价格行情信息搜集

通过期货行情软件、期货交易所网站以及期货专业网站搜集期货行情信息是最方便、最快捷的方法。每家期货公司都有期货行情软件下载的链接，我们在实训二中已经完成实训任务。除此之外，我们还可以进入各大期货交易所（如：上海期货交易所、郑州商品交易所、大连商品交易所及中国金融期货交易所）网站浏览行情信息，许多财经门户网站（新浪财经、东方财富网、金融界、和讯网等）、期货专业网站（期货日报、中国期货信息网）、广播电视财经网站节目及财经报纸杂志等获取行情信息。如图3-9、3-10、3-11分别来自行情软件、期货交易所。

序	名称	最新	现手	买价	卖价	买量	卖量	成交量	涨跌	持仓量	仓差	结算价	开盘	最高	最低	昨结	幅度%	代码
1	沪铜2008	52210	20	52200	52210	12	4	189892	-150	107843	-6828	52480	52560	53100	51820	52360	-0.29	cu2008
2	沪铜2009	52190	5	52140	52180	14	1	128375	-120	111232	3033	52390	52620	52920	51800	52310	-0.23	cu2009
3	沪铝2008	14485		14480	14485	7	3	155686	-165	142136	-6764	14580	14675	14735	14460	14650	-1.13	al2008
4	沪铝2009	14190	10	14190	14205	32	5	86218	200	107340	1094	14275	14375	14445	14145	14390	-1.39	al2009
5	沪锌2008	17945	1	17940	17945	78	1	271805	0	70317	-7502	18015	18070	18070	17025	17945	0.00	zn2008
6	沪锌2009	17870	1	17920	17930	3	16	170135	-45	85301	4466	18050	18070	18130	17790	17805	0.21	zn2009
7	沪铅2008	15365	4	15365	15370	3	1	34504	-45	22292	-2776	15350	15410	15410	15295	15410	-0.29	pb2008
8	沪铅2009	15305	2	15295	15303	4	7	15403	-19	17064	-93	15315	15365	15540	15230	15315	-0.07	pb2009
9	黄金2012	403.02	1	403.90	403.02	10	9	126903	0.04	226681	-3125	403.15	404.00	405.15	401.52	403.06	0.01	au2012
10	白银2012	4575		4575	4575	23	199	1253665		550767	-30411					4515	1.1	ag2012
11	螺纹2010	3744	8	3744	3745	65	54	953888	5	1358974	-13869	3735	3746	3753	3715	3735	0.24	rb2010
12	橡胶2009	10600	5	10595	10600	47	117	218451	-10	183202	-3879	10585	10600	10698	10495	10610	-0.09	ru2009
13	沥青2012	2796	18	2796	2798	136	1	693125	-32	419859	12704	2802	2802	2828	2762	2828	-1.13	bu2012
14	热卷2010	3755	20	3755	3757	3	50	192121	15	474133	3330	3741	3740	3769	3717	3741	0.40	hc2010
15	沪镍2010	108050	32	109350	108950	1	10	839095		149953	3815					107780	1.14	ni2010
16	沪锡2009	142740	1	142720	142760		4	42652	7.00	29783	-687	143110	143900	144000	141670	142140	0.42	sn2009
17	燃油2009	1694	6	1694	1695	169	44	1479907	-11	433143	9314	1701	1713	1746	1671	1705	-0.65	fu2009
18	纸浆2009	4398	4	4398	4399	194	12	47819	5	107351	-6147	4400	4414	4410	4392	4392	0.14	sp2009
19	不锈钢2009	13580	1	13505	13595	8	3	31356	13	42996	693	13615	13645	13700	13540	13580	-0.07	ss2009
20	鸡蛋2009	3970	6	3971	3972	1	6	502506	11	181040	-4834	3956	3998	4003	3945	3959	0.29	jd2009

图3-9　20200210博易大师行情信息

延时行情（延时三十分钟）						2020-02-10 15:00:00	【市场概要】			
合约名称	最新价	涨跌	持仓量	成交量	成交金额	买卖价	昨结算	开盘	最低	最高	现手
cu2002	45210	-350	30675	14840	3362737500	45200/45290	45560	45230	45210	45390		【走势图】
cu2003	45410	-310	108030	34784	7910394450	45410/45430	45720	45300	45260	45590		【走势图】
cu2004	45560	-290	91642	47469	10825383950	45560/45570	45850	45420	45390	45720		【走势图】
cu2005	45660	-260	58455	19143	4375340250	45660/45680	45920	45580	45500	45820		【走势图】
cu2006	45770	-230	26129	7868	1800892100	45700/45770	46000	45700	45560	45880		【走势图】
cu2007	45850	-240	6312	1217	279334400	45820/45880	46090	45730	45730	46000		【走势图】
cu2008	45930	-280	3204	854	196448400	45940/45970	46210	45920	45880	46090		【走势图】
cu2009	46040	-290	1901	465	107200050	46030/46090	46330	46040	45990	46240		【走势图】
cu2010	46120	-310	621	170	39256650	46140/46200	46430	46280	46120	46280		【走势图】
cu2011	46250	-270	470	62	14340450	46200/46340	46520	46230	46230	46300		【走势图】
cu2012	46280	-270	1338	105	24304600	46210/46540	46550	46320	46220	46340		【走势图】
cu2101	46380	-260	124	35	8116650	46010/46630	46640	46370	46300	46410		【走势图】

图3-10　上海期货交易所铜延时行情

	中储无锡	9044	9044	10861	9044	1817	0	10956	10956	0
	上港物流苏州	0	0	0	0	0	0	136242	136242	0
江苏	无锡国联	425	425	425	425	0	0	19575	19575	0
	添马行物流	2718	2718	2718	2718	0	0	17282	17282	0
	常州融达	9378	2924	11662	2924	2284	0	17076	17076	0
	合计	21565	15111	25666	15111	4101	0	201131	201131	0
	国储837处	1325	1325	1325	1325	0	0	18675	18675	0
浙江	宁波九龙仓							10000	10000	
	合计	1325	1325	1325	1325	0	0	28675	28675	0
江西	江西国储	0	0	0	0	0	0	3000	3000	0
	保税商品总计	18	0	18	0	0	0	30000	30000	0
	完税商品总计	155821	72635	206236	92897	50415	20262	1117546	1097284	-20262
	总计	155839	72635	206254	92897	50415	20262	1147546	1127284	-20262

图 3-11　上海期货交易所指定交割仓库库存周报

博易大师行情有国际上主要期货交易所的品种行情：伦敦金属交易所的有色金属期货行情（如图 3-12 所示）；芝加哥商业交易集团的有色金属期货、能源期货、农业期货行情；洲际交易所的农产品期货行情；东京交易所的天然橡胶期货行情；马来西亚的棕榈油期货行情。

上海期货交易所
2020 年 1 月行情

图 3-12　博易大师 20200210 伦敦金属交易所有色金属期货行情

五、影响期货价格的相关信息搜集

目的是"抓大放小"，减少零散信息的干扰，抽取影响价格的主导因素。影响因素的结构分析的步骤：（1）搜集市场信息并整理，选取与商品有关的、真实的信息。（2）依产业链对信息分类，梳理价格传导逻辑关系，找到关键因素。（3）准确评估关键因素，进行横向和纵向比较分析。（4）不断修正关键因素对市场影响程度的估计。

影响期货价格的相关信息包括以下七个方面。

（一）商品的供求状况

商品的供给量由期初库存量、本期产量和本期进口量三部分构成。商品市场的需求量通常由国内消费量、出口量和期末商品结存量三部分构成。库存是影响商品价格的根本原因，是供求关系的重要显性指标。期末库存＝期初库存＋当期产量－当期消费＋当期进口量－当期出口量。

（二）宏观经济状况的影响

宏观经济形势的影响主要体现在经济的周期性方面，由于政府的调控政策对经济走势产生一定程度的影响，从而影响一些商品原有的供需关系，使价格发生变化，如经济周期、GDP 增长率、物价、利率变化等。

（三）政策因素

期货市场价格对相关政策的变化十分敏感，比如各种国际性经贸组织的建立及有关商品协议的达成、政府对经济干预所采取的各种政策和措施等。政策因素包括：农业政策、贸易政策、食品政策、储备政策等。

（四）金融货币因素

商品期货交易与金融货币市场有着紧密的联系，利率的高低、汇率的变动都直接影响商品期货价格。利率调整是政府紧缩或扩张经济的宏观调控手段。利率的变化对金融衍生品交易影响较大，而对商品期货的影响较小。期货市场是一种开放性市场，期货价格与国际市场商品价格紧密相连，汇率的高低变化必然影响相应的期货价格变化。

（五）政治因素及突发事件的影响

期货市场价格对国际国内政治气候、相关政策的变化十分敏感。政治因素主要指国际国内政治局势、国际性政治事件的爆发或国际关系的变化，例如政变、内战、罢工、大选、战争、冲突等。政治因素对期货市场有很强的制约性，会导致期货价格的剧烈波动，有时可能直接决定某种商品期货在一定时期内的价格走势。

（六）季节性因素和自然因素

（1）季节性影响：农产品特别明显，农产品的供应都是每年同一时期集中上市，而需求则是分散的，如活猪的屠宰、销售及小猪生产期也有季节性特点。

（2）自然因素的影响：自然因素主要是气候条件、地理变化和自然灾害，包括洪水、干旱等。农产品最易受此影响。

（七）投机对价格的影响

当期货价格上涨时，投机者买进合约，市场需求增多，期货价格进一步上涨；当期货价格下降时，投资者卖出合约，等价格下降时再补进平仓获利，而大量投机性的抛售，又会促使期货价格进一步下跌。当市场信心足时，价格上涨可能性大；反之，价格下降可能性大。

六、期货资讯信息渠道来源

提供期货资讯信息的渠道主要有：重要的财经门户网站，期货专业咨询机构、研究机构，期货论坛、微博、微信公众号，广播电视财经节目，财经报纸杂志等。

（一）期货监管机构、期货行业协会

较为重要的来源以网站为例，分别列出重要网址如下：

表3-5　期货监管机构及行业协会网址

组织机构	网址
中国证监会	http://www.csrc.gov.cn/
中国证券业协会	http://www.sac.net.cn/
中国期货业协会	http://www.cfachina.org/
中国证券投资基金业协会	https://www.amac.org.cn/
美国 NFA	http://www.nfa.futures.org/
美国 CFTC	http://www.cftc.gov/
美国 FIA	http://www.futuresindustry.org/
英国金融服务局	http://www.fsa.gov.uk/
美国农业部	http://www.usda.gov/
联合国粮农组织	http://www.fao.org/
美国谷物协会	http://www.grains.org/
美国大豆协会	http://www.unitedsoybean.org/
中国银行业协会	http://www.china-cba.net/
中国保险业协会	http://www.iachina.cn/
中国国债协会	http://www.ndac.org.cn/
中国财务公司协会	http://www.cnafc.org/
中国投资协会	http://www.iac.org.cn/
中国期货市场监控中心	http://www.cfmmc.com/
中国上市公司协会	http://www.capco.org.cn/

交易所	网址
上海期货交易所	http://www.shfe.com.cn/
郑州商品交易所	http://www.czce.com.cn/
大连商品交易所	http://www.dce.com.cn/

交易所	网址
上海期货交易所	http://www.shfe.com.cn/
中国金融期货交易所	http://www.cffex.com.cn/
上海证券交易所	http://www.sse.com.cn/
深圳证券交易所	http://www.szse.cn/
芝加哥交易所集团	https://www.cmegroup.com/
芝加哥期权交易所	http://www.cboe.com/
纽约证券交易所	http://www.nyse.com/
伦敦金属交易所	https://www.lme.com/
伦敦国际金融期货及期权交易所	http://www.liffe.com/
洲际交易所	https://www.theice.com/index
德国期货交易所	http://deutsche-boerse.com/
泛欧交易所	https://www.euronext.com/fr
东京谷物交易所	http://www.tge.og.jp/
东京工业品交易所	http://www.tocom.or.jp/
新加坡交易所	https://www.sgx.com/

（二）现货信息网

表 3-6　现货信息网站

农产品网站	金属产品网站	能源化工产品网站	金融产品网站
中国大豆网	上海有色金属网	中国石油与化学工业协会	中国债券信息网
中华粮网	中国铜网	中国氯碱工业协会（中国氯碱网）	上海证券报
中国饲料在线	大宗商品网	中国煤炭资源网	证券时报
亚洲橡胶网	中国冶金网	中华塑料网	中国证券报
中国实用油信息网	中华有色商务网	百为 PVC 市场网	天天基金网
中国玉米网	中国金属网	东北亚煤炭交易中心	证券之星
中国食糖网	中国黄金信息网	中国焦化网	中证网
中国棉花网	上海金属网	中国石油与化工网信息中心	中国证券网
中国植物油行业协会	上海黄金交易所	中化新网	中国货币网
中农网	中国有色金属信息网	中国塑料加工工业协会	中国外汇网
国粮网	长江有色金属网	中国石油网	环球外汇
中国橡胶网	中国铝业网	中国石油期货网	中证债券
中国菜籽网		中国石油与化工网	和讯债券
美国谷物协会		美国能源资源协会	全景网
美国大豆协会		世界石油网	中国期权网
联合国粮农组织			期权中国网

（三）期货公司网站

根据期货公司评价计分的高低，将其分为 A（AAA/AA/A）、B（BBB/BB/B）、C（CCC/CC/C）、D、E 等 5 类共 11 个级别。A 类公司风险管理能力、服务实体经济能力、市场竞争力、持续合规状况的综合评价在行业内最高，能够较好地控制业务风险；E 类公司潜在风险已经变为现实风险，已被采取风险处置措施。分类评价每年进行 1 次，风险管理能力及持续合规状况评价指标以上一年度 4 月 1 日至本年度 3 月 31 日为评价期，涉及的财务数据、经营数据原则上以上一年度经审计报表为准。

2019 年期货公司分类评价结果出炉，中国期货业协会（简称"中期协"）公布的最新期货公司分类评价结果显示，2019 年参加评级的期货公司数量较去年维持不变，为 149 家。其中，14 家期货公司获 AA 级，23 家获 A 级，35 家获 BBB 级，30 家获 BB 级，26 家获 B 级，8 家获 CCC 级，4 家获 CC 级，2 家获 C 级，7 家获 D 级。

全国共有期货公司 149 家，读者均可进入相关公司网站获取相关信息，2019 年期货公司分类评价结果 AA 级名单如下：

表 3-7　2019 年期货公司分类评价结果 AA 级名单

序号	期货公司名称	分类评价结果
1	永安期货	AA
2	中信期货	AA
3	国泰君安	AA
4	银河期货	AA
5	国投安信期货	AA
6	方正中期期货	AA
7	浙商期货	AA
8	光大期货	AA
9	华泰期货	AA
10	广发期货	AA
11	海通期货	AA
12	中粮期货	AA
13	申银万国	AA
14	南华期货	AA

（四）专业财经网站及财经专栏

专业财经网站及财经专栏有新浪期货、和讯期货、期货日报、上海证券报、证券时报、东方财富网、七禾网、金融界、新华财经、中国期货网、文华财经等。

（五）期货微信公众号、期货论坛、微博等

专业期货微信公众号、期货论坛及微博有易家期货论坛、和讯期货论坛、金融界期货论坛、中期论坛、期货中金论坛、炒客论坛、新浪财经论坛、中国国际期货微博、分析师微博圈等。

（六）期货资讯网站的收藏

把搜索到的网址通过添加收藏夹的形式进行收藏操作。这里不再详细解释。

➤ **实训任务**

1. 简短地描述某一期货当日走势和最新行情。

2. 选择一篇期货评论，标出其用到的期货术语，解释其含义。

3. 选择重要期货品种，搜集国内各交易所当日交易排名行情信息。

4. 选择某几个期货品种，搜集交易所库存信息情况，对比前后变化情况。

5. 通过搜索重要的期货网址，完成一篇对某一期货品种的行情分析评论。

自测题三

6. 进行期货网站收藏。

7. 自测题三。

项目四
期货交易流程

► **能力目标**

掌握期货交易运作程序，熟悉期货交易指令和下单系统，熟悉基本的期货实物交割流程，分析期货行情，并能进行期货的基本交易操作。

► **知识目标**

1.独立完成期货模拟交易系统注册。

2.进行期货的基本模拟交易（开平仓）操作。

3.理解期货实物交割的含义，掌握基本的期货实物交割流程。

► **知识链接**

一个完整的期货交易流程应包括：开户与下单、竞价、结算和交割四个环节。由于在期货交易的实际操作中，大多数期货交易都是通过对冲平仓的方式了结履约责任，进入交割环节的比重非常小，所以交割环节并不是交易流程中的必经环节。

一、期货交易流程——开户与下单

参与期货交易的客户，需要与期货公司签署风险揭示书和期货经纪合同，并开立期货账户。以商品期货与股指期货自然人开户示意图为例说明，如图 4-1、4-2 所示。

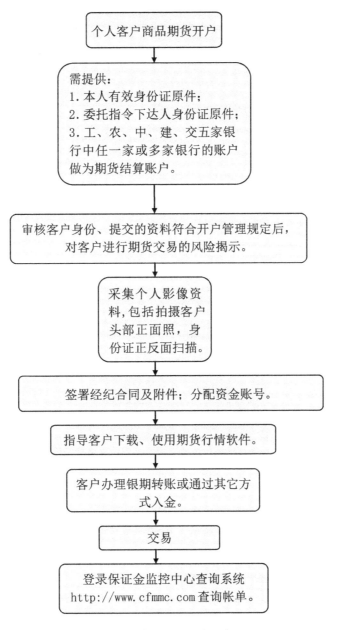

图 4-1　商品期货开户示意图

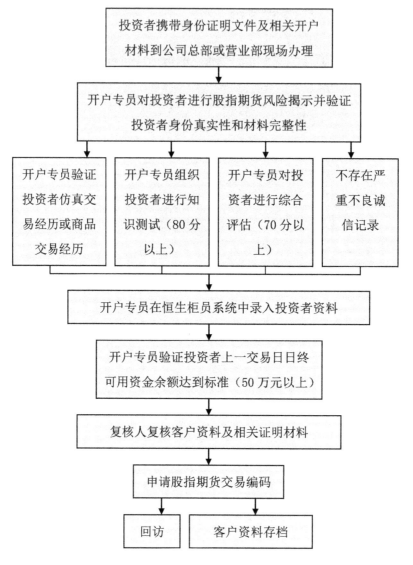

图 4-2　股指期货开户示意图

期货交易的主要下单方式有如下几种。（如图 4-3）

（1）书面下单。客户亲自填写交易单，填好后签字交期货公司，再由期货公司将指令发至交易所参与交易。

（2）电话下单。客户通过电话直接将指令下达到期货公司，再由期货公司将指令发至交易所参与交易。期货公司须将客户的指令予以录音，以备查证。事后，客户应在交易单上补签姓名。

（3）网上下单。客户通过因特网或局域网，使用期货公司配置的网上下单系统进行网上下单。进入下单系统后，客户需输入自己的客户号与密码，经确认后即可输入下单指令。下单指令通过因特网或局域网传到期货公司后，通过专线传到交易所主机进行撮合成交。客户可以在期货公司的下单系统获得成交回报。

图 4-3 是客户下单示意图。

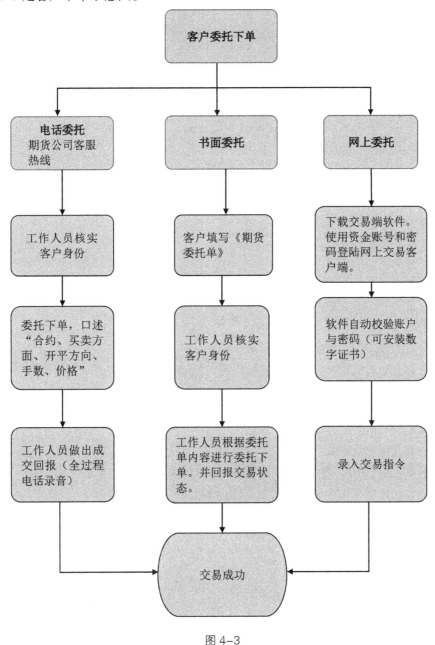

图 4-3

（一）博易大师交易系统

以博易大师交易系统为例演示下单过程。

1. 登录交易系统

确认博易大师上部工具栏中的闪电状按钮为按下状态，如图 4-4 所示。如未处于该状态，则将其按下。此时，交易登录界面应该出现在博易大师的底部。

图 4-4

输入客户号及交易密码，并点击"登录"按钮。如图 4-5。还可以根据网络情况选择合适的交易服务器（电信或网通）。注意：

（1）输入交易密码时，为防止恶意软件盗取密码，建议使用右侧的随机数字按钮。

（2）如果点击了"登录"按钮，表明已了解并接受"免责条款"。

图 4-5

点击"登录"按钮后，将陆续出现"客户信息"确认、"结算单"确认等提示窗口，一律按"确认"按钮。

2. 开仓

登录成功后，将出现如下的交易界面：（如图 4-6）

图 4-6

开仓步骤如下：

（1）在博易大师的报价、走势图或技术分析图中，切换到关注的品种。

（2）交易界面的"合约"将自动变为当前关注的品种，"买入"和"卖出"按钮顶部将出现对应的下单价格。

（3）点击"买入"或"卖出"按钮即可下单。

（4）如有确认下单的提示框出现，点击"是"。

提示：

（1）下单前，可以修改"报价方式""价格"及"数量"，报价方式分"限价"和"市价"。

（2）"限价"委托且价格为"当前价"时，如果买入则使用卖一价下单，如果卖出则使用买一价下单。

（3）"限价"委托时如需指定价格，删除"当前价"字样并填入价格；如需恢复"当前价"，删除填入的价格即可。

（4）如不希望出现确认下单的提示框，勾选"一键下单"选项。

（5）点击"复位"按钮，交易界面将恢复为"开仓"，数量恢复为该合约的默认手数，价格恢复为"限价""当前价"。

3. 平仓

平仓步骤如下：

（1）点选交易界面左侧列表的"交易"项。（如图 4-7）

图 4-7

（2）在持仓列表中，以鼠标左键双击需要平仓的合约。（如图 4-8）

图 4-8

（3）此时交易界面将自动填入"合约""平仓"（或"平今"）以及"数量"，并且鼠标将自动定位至"买入"或"卖出"按钮上。（如图 4-9）

图 4-9

（4）鼠标自动定位至相应按钮后，直接点击鼠标左键下单。

（5）如有确认下单的提示框出现，请点击"是"。

提示：

（1）通过双击持仓列表来平仓最为快速，因此无须手工选择"平仓"或"平今"。习惯键盘下单的用户请查看键盘下单。

（2）下单前，可以修改"报价方式""价格"及"数量"。

（3）持仓列表中，上海期货交易所的合约依"昨仓"及"今仓"分别列出。双击这些合约时，博易大师将自动选用"平仓"或"平今"，无需手工选择。

（4）除上海期货交易所外，其他交易所不区分"昨仓"与"今仓"。

（5）平仓单发出后，交易界面将自动恢复为"开仓"状态，方便下次的开仓动作。如果不希望自动恢复为"开仓"，请在参数设置中修改。

4. 撤单

如委托单未成交或部分成交，需要撤单，可按如下步骤操作：

（1）点选交易界面左侧列表的"交易"项。（如图 4-10）

图 4-10

（2）在"可撤"列表中，以鼠标左键双击需要撤单的委托。（如图 4-11）

图 4-11

提示：默认情况下，双击未全部成交的委托即撤单，无须确认。在参数设置中可修改为需要确认。

5. 设置交易窗口为浮动模式

初始状态下，交易界面位于主窗口的底部，但用户也可根据实际需要将其调整为浮动模式，只需点击交易界面右侧的"▤"按钮即可。（如图 4-12）

图 4-12

此时交易界面变为下图所示状态，"闪电手工具栏"也会自动显示。（如图 4-13）

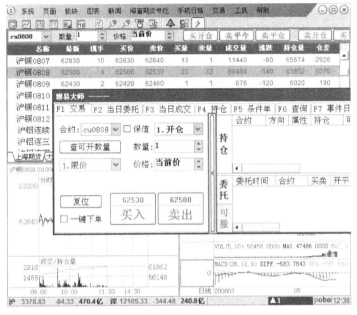

图 4-13

提示：

（1）如用户点击行情窗口（报价、走势图、K 线图等），交易界面会自动隐藏。此时用户可使用"闪电手工具栏"下单，下单成功后交易界面会自动弹出；按下工具栏中的闪电状按钮也可调出交易界面。（如图 4-14）

图 4-14

（2）如果需要交易界面始终可见、不自动隐藏，可在参数设置中修改。

（3）在蓝色标题栏上按下鼠标左键并移动，可拖动交易界面；在边框上按下鼠标左键并移动，可改变窗口大小。

（4）要将交易界面恢复为在主窗口底部显示，再次点击"▤"按钮即可。

（5）点击上图中的"▣"按钮可隐藏下单区域，再次点击则恢复。

（二）文华财经"随身行"手机下单系统

客户需要开通"文华一键通"后才能使用"随身行"手机下单。与之前的"富远无线手机行情"和"掌上财富"相比，文华财经"随身行"最大的优势在于免费看盘和免费交易。目前开通手机下单的客户，必须在电脑上确认账单，只有确认账单后才能进行交易。由于手机下单软件通过恒生系统接口进行交易，所以使用"上期技术综合交易平台CTP"或"易盛交易系统"进行交易的客户不能使用。支持手机型号：iPhone手机、Android手机。

二、期货交易流程——竞价

期货合约价格的形成方式主要有公开喊价和计算机撮合成交两种。其中，公开喊价属于传统的竞价方式。公开喊价方式又可分为两种形式：连续竞价制（动盘）和一节一价制（静盘）。这里不再详细介绍，有兴趣的同学可以参考其他资料进一步了解。

21世纪以来，随着信息技术的发展，越来越多的交易所采用了计算机撮合成交方式。计算机撮合成交是根据公开喊价的原理设计而成的一种计算机自动化交易方式，是指期货交易所的计算机交易系统对交易双方的交易指令进行配对的过程。这种交易方式相对公开喊价方式来说，具有准确、连续等特点，但有时会由于交易系统故障等因素造成风险。

国内期货交易所均采用计算机撮合成交方式。

计算机交易系统一般将买卖申报单以价格优先、时间优先的原则进行排序。涨跌停板时，平仓优先、时间优先。

开盘价由集合竞价产生。在当日开市前，投资者根据前一天的收盘价和对当日行情的预测来输入交易价格，按最大成交量的原则来定出当日交易的开盘价，这个过程称为集合竞价。集合竞价未产生成交价格的，以集合竞价后第一笔成交价为开盘价，此时前一成交价为上一交易日收盘价。

上海期货交易所、大连商品交易所、郑州商品交易所开盘集合竞价在每一交易日开市前5分钟内进行，其中8:55—8:59为期货合约买、卖指令申报时间，8:59—9:00为集合竞价撮合时间。

连续交易：9:00—10:15(第一小节)

10:30—11:30(第二小节)

13:30—15:00(第三小节)

中金所每一交易日的9:10—9:14为期货合约买、卖指令申报时间，9:25—9:30为集合竞价撮合时间。目前上海证券交易所和深圳证券交易所均已采用收盘集合竞价机制。基于此，中金所在计算沪深300、上证50及中证500等股指期货合约交割结算价时，采用的标的指数数据为：标的指数13:00—14:57连续竞价的指数数据，以及标的指数14:57—15:00收盘集合竞价的收盘指数数据。

三、期货交易流程——结算

结算是指根据期货交易所公布的结算价格对交易双方的交易盈亏

上海期货交易所交易细则

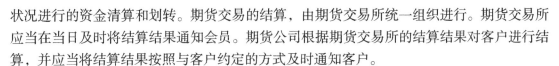

状况进行的资金清算和划转。期货交易的结算，由期货交易所统一组织进行。期货交易所应当在当日及时将结算结果通知会员。期货公司根据期货交易所的结算结果对客户进行结算，并应当将结算结果按照与客户约定的方式及时通知客户。

在我国郑州商品交易所、大连商品交易所和上海期货交易所，交易所只对会员进行结算，期货公司会员对客户进行结算。中国金融期货交易所实行会员分级结算制度，交易所对结算会员结算，结算会员对其受托的客户、交易会员结算，交易会员对其受托的客户结算。

每个交易日交易结束后，中国金融期货交易所按照当日结算价对结算会员结算所有合约的盈亏、交易保证金及手续费等费用，对应收应付的款项实行净额一次划转，相应增加或减少结算准备金。

中国金融期货交易所结算流程：

（1）每个交易日交易结束后，交易所结算部根据当日成交数据进行一次结算，并通过会员服务系统发布一次结算数据（标识为"请检查核对"字样）。结算会员可以从会员服务系统下载一次结算数据，进行检查核对。

（2）一次结算后，交易所结算部为结算会员办理追加保证金、入金和出金。

（3）当日资金办理完毕后，进行二次结算，并正式发布当日结算数据（标识为"正式发布"字样）。

（4）结算会员收取正式发布的结算数据进行每日结算。

四、期货交易流程——交割

实物交割是指期货合约到期时，根据交易所的规则和程序，交易双方通过该期货合约所载商品所有权的转移，了结未平仓合约的过程。实物交割方式包括集中交割和滚动交割两种。

（1）集中交割。集中交割也叫一次性交割，是指所有到期合约在交割月份最后交易日过后一次性集中交割的交割方式。

（2）滚动交割。滚动交割是指在合约进入交割月以后，由持有标准仓单和卖持仓的卖方客户主动提出，并由交易所组织匹配双方在规定时间完成交割的交割方式。

三家交易所的交割流程各不相同，具体流程如下。

上海期货交易所

5日交割法：

（1）第一交割日：申报——买方申报意向，卖方交标准仓单。

（2）第二交割日：配对——交易所分配标准仓单，买方交款。

（3）第三交割日：买方取仓单，卖方收款（此时收到100%的货款）。

（4）第四、第五交割日：卖方交增值税专用发票（经纪公司在收到增值税发票后释放卖方保证金）。

上海期货交易所交割需注意的事项：（1）考虑因为货款划转的时间，买方客户需在交易所规定的交款日前一日收盘前把交割款全额打入期货公司。（2）买方需配合期货公司及时提供正确的开票资料。（3）为了保证仓单的顺利流转，卖方客户需保证在最后交易日将标准仓单递送至经纪公司上海办事处。

大连商品交易所

集中交割

（1）最后交易日结算后，交易所按照"最小配对数原则"对未平仓合约进行配对。

（2）最后交割日15:00前，买方补足全额货款，卖方交齐对应的标准仓单和增值税发票，交易所进行仓单分配，将未发生违约的买卖双方的货款和标准仓单进行转移。

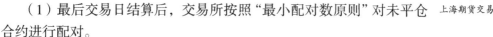

（3）最后交割日15:00后，未违约买方持结算部开具的货款收据到交割部领取《仓单持有凭证》；未违约且已交增值税发票的卖方收到全额货款。

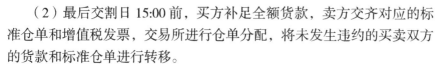

大连商品交易所集中交割需注意的事项：（1）所有交易品种都能进行集中交割。（2）自然人不能持仓进入交割月，自然人不允许交割。（3）因为货款划转需要时间，买方客户需在交易所规定的交款日前一日收盘前把交割款全额打入期货公司。（4）买方需配合期货公司及时提供正确的开票资料。（5）为了保证仓单的顺利流转，卖方客户需保证在最后交易日将标准仓单递送至经纪公司大连办事处。

滚动交割

（1）配对日交易时间，买卖方进行申报。

（2）配对日收市时间，对有效买卖申报意向进行确认并平仓，结算时以当日结算价作为滚动交割的交割结算价并计算平仓盈余。

（3）配对日后第二个交易日（交收日），买方补足全额货款，给买方开具《标准仓单持有凭证》，交易所将80%货款付给卖方。交易所在收到卖方会员提交的增值税专用发票后，将剩余的20%货款付给卖方会员。

大连商品交易所滚动交割需注意的事项：所有品种（除线型低密度聚乙烯、聚氯乙烯、棕榈油）都能进行滚动交割。

郑州商品交易所

集中交割

3日交割法：

（1）第一日（配对日），买卖双方均可提出申请。

（2）第二日（通知日），领取《交割通知单》。

（3）第三日（交割日），买方在9:00前将所欠货款划入交易所，卖方在9:00前将仓单交至结算部门，交易所将80%货款付给卖方，经纪公司在收到增值税发票后将剩余的20%货款划入卖方账户。

滚动交割

（1）配对日交易时间，买卖方进行申报（卖方优先）。

（2）配对日收市时间，对有效买卖申报意向进行确认并平仓，结算时以当日结算价作为滚动交割的交割结算价并计算平仓盈余。

（3）配对日后第二个交易日（交割日），买方补足全额货款，给买方开具《标准仓单持有凭证》，交易所将80%货款付给卖方。交易所在收到卖方会员提交的增值税专用发票后，将剩余的 20% 货款付给卖方会员。

郑州商品交易所滚动交割需注意的事项：所有品种进入交割月都可以进行滚动交割，未达成一致的，在最后交易日集中配对交割。本条自 2008 年 3 月 1 日起执行。

根据中金所沪深 300、上证 50 及中证 500 等股指期货合约交易细则，股指期货合约的交割结算价为最后交易日标的指数最后 2 小时的算术平均价。计算结果保留至小数点后两位。

五、期货转现货

期货转现货（简称"期转现"）是指持有同一交割月份合约的多空双方之间达成现货买卖协议后，变期货部位为现货部位的交易。

上海期货交易所铜、铝、锌、天然橡胶、螺纹钢、线材期转现的期限为欲进行期转现合约的交割月份的上一月份合约最后交易日后的第一个交易日起，至交割月份最后交易日前两个交易日（含当日）止；燃料油期转现的期限为欲进行期转现合约的交割月份的上一月份的第一个交易日起，至倒数第四个交易日（含当日）止。

上海期货交易所期转现申
请单样本

大连商品交易所的黄大豆二号、玉米、豆粕、豆油、线性低密度聚乙烯、棕榈油、聚氯乙烯，期转现的期限为该合约上市之日起至交割月份前一个月倒数第三个交易日（含当日）。

郑州商品交易所期货合约（除棉花）自上市之日起到该合约最后交易日期间，均可进行期转现。棉花最后交易日，交易所不办理期转现。

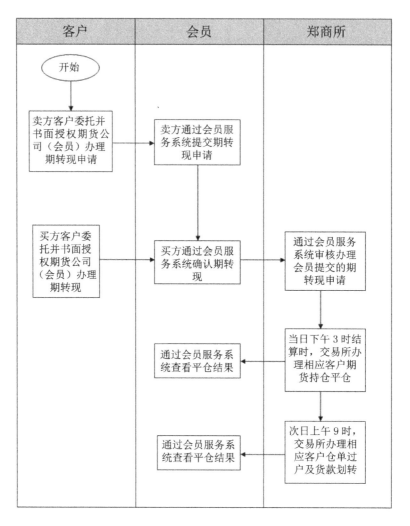

图 4-15 郑商所业务流程图

➤ **实训任务**

1.进行模拟交易，对模拟交易的收益率、成交量等指标进行考核。

2.自测题四。

关于举办郑商所杯大学生
模拟交易大赛的通知

自测题四

项目五
期货投机与套利交易

➤ **能力目标**

   了解期货投机的技巧和方法；掌握各种套利的种类和运用方法；掌握投机交易、套利交易的实际操作和基本分析方法；制定投机交易和套利交易的基本交易策略。

➤ **知识目标**

   1.熟练掌握期货投机交易的基本方法。

   2.理解套利的概念、分类与期货投机的区别。

   3.熟悉跨期套利、跨商品套利、跨市场套利、期现套利的基本原理，并选择相应的品种进行套利的模拟操作。

➤ **知识链接**

一、期货投机者的类型

   期货投机是在期货市场上以获取价差收益为目的的期货交易行为。预测期货价格将上涨时可开仓买入期货合约，等价格上涨后再卖出平仓获利；预测期货价格将下跌时可开仓卖出期货合约，等价格下跌后再买入平仓获利。前者的行为由于在期货市场上处于多头的部位，所以也被称为多头投机；后者的行为在期货市场上处于空头部位，所以也称空头投机。投资者的做多或做空是需要顺势而为的，千万不能逆市而为。

   至于投资者如何预测期货价格将上涨或下跌，一般有基本分析派和技术分析派两种方法。基本分析派是通过分析商品供求因素来预测价格走势；而技术分析派是通过借助图形和技术指标来对商品的价格走势进行分析判断。

   根据投资者持仓时间的长短可分为长线、短线、当日和抢帽子等多种形式。长线交易者通常持仓时间多达几天、几周甚至几个月，再对冲平仓。短线交易者持仓时间短到一日或几日内了结。当日交易者一般只进行当日的买卖。抢帽子者是利用微小的价格波动来赚取微小利润。通常机构投资者选择长线交易居多，中小投资者多偏好短线、当日和抢帽子交易。

   当行情处于明显的单边通道时，可以以长线交易对待；反之，尽量以短线交易对待。

在变化莫测的期货市场中，从事任何交易都应小心谨慎。特别是当日交易，要求有充足的时间和精神高度集中，否则很容易失败。虽然当日交易的代价会较大，短线交易交纳的手续费累计也会很高，但它可以规避隔夜仓带来的风险。

案例5-1：2020年1月8日，某投机者对原油期货交易进行分析预测，认为原油价格即将从高位下跌，于是果断入市做空头投机，在上海国际能源交易中心以520元／桶的价格开仓卖出原油期货2003合约3手（每手1000桶）。受全球大市场价格下跌的影响原油大跌，2020年1月23日，该投资者以445元／桶的价格平仓获利，共获利（520 − 445）×3×1000 = 225000（元）。

本案例中投资者因为预测准确而成功获利。对于投机来说，要取得成功，最主要的是能对价格进行准确的判断和预测。

对于投机交易来说，要取得成功，还要注意保证金的理性控制，不要开仓过度。仓位过重，容易爆仓且会影响正常的交易心态。另外，期货投机交易要注意坚持止损的铁律，看错方向，必须及时出局以规避更大的可能风险。

二、期货投机的准备

（一）要熟悉期货合约

在决定是否进行期货投机之前，应熟悉期货种类、数量和价格，只有熟悉合约后，才能决定准备买卖的合约数量。在买卖数量上和品种上切忌贪多，因为人的知识和精力有限，一般不要超过三种以上不同品种的期货投机。

（二）制定交易计划

要想在期货市场上立足，离不开明确的交易计划，一个科学的交易计划是获取成功的前提。一个交易计划应该明确正处于何种市场环境，将要采取的交易方向，依据市场环境变化适时改变交易计划；要结合交易者的自身特点选择适合的交易方法，从而达到方法正确方有利可图。

（三）确定止盈和止损限度

对期货合约进行投机交易就同时面临着盈利和亏损两种可能，一般情况下，依据个人倾向不同都会存在可接受的最低获利水平和最大亏损限度，所以，交易者在决定买空或卖空的时候，应该事先为自己确定一个最低获利目标和所期望承受的最大亏损限度，即为投机交易计划设定止盈和止损，具体如何设定止盈和止损计划，应该结合各种交易策略设定，我们会在期货价格分析部分详细给予建议。

（四）做好资金管理

为了降低风险，尽可能增加获利机会，必要做到：（1）要适度分散地投入资金，不要把鸡蛋放在一个篮子里，有利于减少风险性。（2）持仓量应限定在自己可控范围内，一般要轻仓，没有明确的把握不要重仓，否则，持仓过大，交易者很难控制风险。（3）不能满仓操作，否则当与预测方向相反时容易导致爆仓，始终为可能出现的新交易机会保留一定的资金。市场瞬息万变，投机者应该根据市场行情的实际变化做出战略调整，保持一定的灵活性和应变能力，做到既按计划行事，又不墨守成规。

三、期货投机交易的常见操作方法

（一）开仓阶段

1. 入市时机

首先，用基本面分析未来走势是上涨还是下跌，再利用技术面分析涨幅或跌幅的大小；其次，对入市的风险和收益进行权衡，有较大胜算把握时才入市；把握入市时机，只有趋势出现时才考虑入市建仓，不然因为不确定性会遭受较大亏损，入市时机主要采用技术面分析方法判断。

2. 期货合约的选择

建仓时知道了买卖什么期货品种和何时买卖，每个期货品种都有多个月份合约，必须选择合适的月份交易。投机者在选择合约月份时要注意两个问题：合约的流动性；近月和远月合约的关系。

期货不同月份合约的流动性有较大差异，有的成交量和持仓量很大，通常称为活跃合约，有的成交量和持仓量很小，称为不活跃合约。投机者一般应避开不活跃合约，不然会导致开仓或平仓失败。

根据成交量和持仓量的多少可以判断各个合约的活跃与不活跃。

从图 5-1 可知，MA005、MA007、MA009、MA011 属于比较活跃的合约；MA004、MA006、MA008、MA010、MA012、MA101、MA102 属于不活跃合约。

图 5-1 郑州商品交易所 2020-02-17 交易数据

品种月份	昨结算	今开盘	最高价	最低价	今收盘	今结算	涨跌1	涨跌2	成交量(手)	空盘量	增减量	成交额(万元)
MA004	2,063.00	0.00	0.00	0.00	0.00	2,080.00	17.00	17.00	0	43	0	0.00
MA005	2,082.00	2,101.00	2,117.00	2,096.00	2,113.00	2,109.00	31.00	27.00	610,724	702,057	-33,169	1,288,190.18
MA006	2,098.00	2,125.00	2,125.00	2,100.00	2,123.00	2,122.00	25.00	24.00	12	12	0	25.46
MA007	2,107.00	2,125.00	2,144.00	2,120.00	2,137.00	2,133.00	30.00	26.00	9,419	18,763	238	20,093.38
MA008	2,135.00	0.00	0.00	0.00	0.00	2,147.00	12.00	12.00	0	101	0	0.00
MA009	2,135.00	2,150.00	2,168.00	2,140.00	2,164.00	2,156.00	29.00	21.00	33,203	128,992	984	71,598.70
MA010	2,166.00	0.00	0.00	0.00	0.00	2,186.00	20.00	20.00	0	523	0	0.00
MA011	2,165.00	2,180.00	2,197.00	2,177.00	2,190.00	2,193.00	25.00	28.00	145	17,514	-123	317.99
MA012	2,193.00	2,205.00	2,220.00	2,205.00	2,220.00	2,220.00	27.00	27.00	104	7,978	-104	230.85
MA101	2,183.00	2,196.00	2,216.00	2,190.00	2,215.00	2,204.00	32.00	21.00	378	5,553	96	833.11
MA102	2,183.00	0.00	0.00	0.00	0.00	2,183.00	0.00	0.00	0	0	0	0.00
小计									655,597	894,709	-32,707	1,384,601.48

在近月与远月合约的关系上，在正向市场中，多头投机者应买入近月合约；空头投机者应卖出远月合约。在反向市场中，多头投机者应买入远月合约；空头投机者应卖出近月合约。

（二）平仓阶段

如何设定止损指令

投机者建仓后要及时关注行情变化，把握平仓获利机会。有利时机的平仓可以获取利润，不利时机的平仓可以限制亏损进一步扩大。

投机者在期货投机交易中要学会运用止损指令实现限制损失和积累盈利，止损指令是实现"限制损失和积累盈利"的有力工具，止损指令如何设定有一定的方法和技巧，设定止损单的价格既不能太接近市场价格，又不能太远离市场价格，应该适度才合理。

案例5-2：某投资者决定对中证500股指期货进行投机交易，并设定最大损失额为30点，对ic2003以5570点买入2手，又下达一个止损指令，价格设定在5540点，如果市价下跌，达到该价格，该合约就会以止损价或更好的价格平仓。这时遭受的最大损失为：30×200×2=12000元，如果价格走势符合预期，朝着有利方向变动，可以继续持仓，直至趋势逆转为止。止损指令是期货投机中广泛运用的工具。

四、套利的基础知识

（一）套利的概念与分类

利用期货市场和现货市场之间的价差进行的套利行为，称为期现套利。利用期货市场上不同合约之间的价差进行的套利行为，称为价差交易或套期图利。价差交易又根据选择的期货合约不同，分为跨期套利、跨商品套利和跨市套利。

套利就是指利用不同市场、不同月份、不同品种之间的价格变化，在相关合约上进行交易方向相反的交易，以期价差发生有利变化而获利的交易行为。

期货市场的套利主要有四种形式，即跨期套利、跨商品套利、跨市场套利及期现套利。

跨期套利是指在同一市场（即同一交易所）同时买入、卖出同种商品不同交割月份的期货合约，以期在有利时机同时将这些期货合约对冲平仓获利。

跨商品套利是指利用两种或三种不同的但相互关联的商品之间的期货合约价格差异进行套利，即同时买入或卖出某一交割月份的相互关联的商品期货合约，以期在有利时机同时将这些合约对冲平仓获利。

跨市套利是指在某个交易所买入（或卖出）某一交割月份的某种商品合约的同时，在另一个交易所卖出（或买入）同一交割月份的同种商品合约，以期在有利时机分别在两个交易所同时对冲在手的合约获利。

（二）套利与期货投机的区别

套利是与期货投机交易不同的一种交易方式，在期货市场中发挥着特殊的作用。套利与期货投机交易的区别主要体现在：

第一，期货投机交易只是利用单一期货合约价格的上下波动赚取利润，而套利是从相关市场或相关合约之间的相对价格差异套取利润。期货投机者关心和研究的是单一合约的涨跌，而套利者关心和研究的则是价差的变化。

第二，期货投机交易在一段时间内只做买或卖，而套利则是在同一时间在相关市场进行反向交易，或者在同一时间买入和卖出相关期货合约，同时扮演多头和空头的双重角色。

第三，套利交易赚取的是价差变动的收益，价差的变化幅度小，因而承担的风险也小。而普通投机赚取的是单一的期货合约价格有利变动的收益，与价差的变化相比，单一价格变化幅度更大，因而承担的风险也较大。

第四，套利交易成本要低于期货投机交易。套利的风险较小，在保证金的收取上小于普通投机，大大节省了资金的占用。所以，套利交易的成本较低。

进行套利时，由于所买卖的对象是同类商品，所以价格在运动方向上是一致的，盈亏会在很大程度上被抵消。因此，套利的风险性较小。套利交易是利用相关期货合约间不合理的价差来进行的，在进行套利时，交易者注意的是合约之间或不同市场之间的相互价格关系而不是绝对价格水平。当预计两张期货合约之间的正常价格差距会出现变化时，交易者有可能利用这一价差，在买进（卖出）一种合约的同时，卖出（买进）另一种合约，以便日后市场情况对其有利时将在手合约对冲。

案例5-3：某套利者在5月6日同时在郑州商品交易所买入7月、卖出9月PTA期货合约，价格分别为8120元/吨和8230元/吨。假设到了6月6日，7月和9月价格分别为8170元/吨和8250元/吨，则价差缩小了。在6月6日时将两个合约同时平仓，即获取了30元/吨的套利。

日期	7月PTA合约	9月PTA合约	价差
5月6日	8120	8230	110
6月6日	8170	8250	80（缩小）

（三）买进套利和卖出套利

当然，套利的相关期货合约的价格往往是不同的，存在价格较高一边和价格较低一边。套利者开始究竟是买入价格较高一"边"的同时卖出较低一"边"，还是相反？这要取决于套利者对相关期货合约价差变化趋势的预期。

根据套利者对相关期货合约中价格较高一边的买卖方向的不同，期货套利可分为买进套利和卖出套利。

如果套利者预期不同交割月的期货合约的价差将扩大，则套利者将采用买入其中价格较高一"边"的同时卖出价格较低一"边"的套利方式，我们称其为买进套利。

如果套利者预期不同交割月的期货合约的价差将缩小，则套利者采用将卖出其中价格较高一"边"的同时买入价格较低一"边"的套利方式，我们称其为卖出套利。

（四）期货套利指令

套利指令一般无须标明买卖期货合约的具体价格，而是标注合约间的价差即可。在一些交易所（例如美国）套利交易还可以享受佣金、保证金方面的优惠待遇。

套利指令的种类有市价指令或限价指令，如果要撤销则可以使用取消指令。

（1）市价指令。套利者只需注明买入和卖出期货合约的种类和月份，不需注明价差的

期货投资

大小。具体成交的价差不确定，则取决于指令执行时点上市场行情的变化情况。该指令的优点是成交速度快，缺点是成交的价差可能不理想，适用于希望以当前的价差水平尽快成交的套利者。例如市价指令下达：买入 3 月份小麦期货合约，卖出 7 月份小麦期货合约。

（2）限价指令。该指令不同于市价指令，需要注明具体的价差和买入、卖出期货合约的种类和月份。当价格达到指定价位时，指令将以指定的或更优的价差来成交。该指令的优点在于可以保证交易者以理想的价差进行套利，缺点是不能保证能够立刻成交，适用于希望以一个理想的价差成交的套利者。例如限价指令下达：11 月份大豆期货合约高于 9 月大豆期货合约价格 100 元 / 吨。

套利基础知识

五、跨期套利的操作要点

跨期套利，又称跨月套利，是利用同一种商品不同交割期之间的价格差距的变化，买进某一交割月份期货合约的同时，卖出另一交割月份的同类期货合约，以期在有利时机再进行对冲平仓而获取差价利润。

跨期套利

根据所买卖的交割月份及买卖方向的差异，跨期套利可以分为牛市套利、熊市套利、蝶式套利三种。

（一）牛市套利

一般情况，当市场出现供给不足、需求旺盛的情形，导致较近月份的合约价格上涨幅度大于较远期的上涨幅度，或者较近月份的合约价格下降幅度小于较远期的下跌幅度，即近月强远月弱时，在这种情况下，买入较近月份的合约，同时卖出远期月份的合约进行套利盈利的可能性比较大，我们称这种套利为牛市套利。

牛市套利的具体操作方法是：买入近期月份合约，同时卖出远期月份合约，如：套利者分析未来一段时间玉米近月强远月弱，于是买入 3 月玉米合约、卖出 5 月玉米合约套利。

（二）熊市套利

当市场出现供给过剩，需求相对不足时，一般来说，较近月份的合约价格下降幅度往往要大于较远期合约价格的下降幅度，或者较近月份的合约价格上升幅度小于较远期合约价格的上升幅度，即市场处于近月弱远月强，在这种情况下，卖出较近月份的合约，同时买入远期月份的合约进行套利盈利的可能性比较大，我们称这种套利为熊市套利。

熊式套利的具体操作方法是：卖出近期月份合约，同时买入远期月份合约，如：套利者分析未来一段时间大豆近月弱远月强，于是卖出 1 月大豆合约、买入 3 月大豆合约套利。

（三）蝶式套利

蝶式套利是另一种常见的跨期套利形式。它是由共享居中交割月份一个牛市套利和一个熊市套利组成的跨期套利组合。由于近期和远期月份的期货合约分居于居中月份的两

76

侧，形同蝴蝶的两个翅膀，因此称之为蝶式套利。

蝶式套利的具体操作方法是：买入（或卖出）近期月份合约，同时卖出（或买入）居中月份合约，并买入（或卖出）远期月份合约，其中，居中月份合约的数量等于近期月份和远期月份数量之和。这相当于在近期与居中月份之间的牛市（或熊市）套利和在居中月份与远期月份之间的熊市（或牛市）套利的一种组合。例如，套利者同时买入 5 份 3 月大豆合约、卖出 15 份 5 月大豆合约、买入 10 份 7 月大豆合约。

（四）套利机会寻找

实际的套利交易中，有交易费用、资金成本等套利成本直接影响到套利最后的收益，套利者往往要将套利成本与套利可能的收益进行权衡比较，然后才决定是否进行套利交易。当然，在实际操作中，我们要善于找到两个合约的价格差从不断增大到趋向缩小的转折点。在这时开仓，我们就可能在较短的时间内获利平仓，减少保证金占用时间，增加资金利用效率。

LLDPE 期货交易手册

（五）跨期套利成本计算

套利的成本主要包含交易手续费和资金利息，如果最终选择交割了结，则还涉及交割手续费、仓储费、增值税等。不同的期货品种各项费用的标准不同。根据 LLDPE 期货交易手册资料查询相关费用，以 2020 年 4 月 17 日合约 L2005 和 L2009 为例，L2005 和 L2009 的价格分别为 6210 元 / 吨和 6150 元 / 吨。

套利成本 = 仓储费 + 交易交割费用 + 检验费 + 增值税 + 资金成本

（1）仓储费：1 元 / 吨·天，四个月约为 $1 \times 4 \times 30 = 120$ 元 / 吨。

（2）交易手续费：8 元 / 手，每手 5 吨，折算即为 1.6 元 / 吨，交易两次，共 3.2 元 / 吨。

（3）交割手续费：2 元 / 吨，交割两次，共 4 元 / 吨。

（4）入库取样及检验费：2700 元 / 批，每批 300 吨，折算为 9 元 / 吨，计为一次入库成本。

（5）增值税：国家税法规定企业增值税率为 13%。由于交易所开票价为合约最后交易日结算价，因此增值税即为两次交割时远近合约最后交易日结算价的税额差。在此以 60 元差价计算，$60 \times 13\% = 7.8$ 元 / 吨。

（6）资金成本：按 6210 元 / 吨计算，2020 年 4 月 20 日 1 年期 LPR 报价将与 MLF 利率下调 20 个基点的幅度一致，利率为 3.85%，则四个月利息支出为 $6210 \times 3.85\% \times 4 \div 12 = 79.7$ 元 / 吨。

综上跨期套利成本计算：

四个月之间的套利成本 = $120 + 3.2 + 4 + 9 + 7.8 + 79.7 = 223.7$ 元 / 吨。

因此，若进行跨期套利，则需卖出 L2005 买入 L2009 熊市套利价差由 60 回归到 223.7 左右结束套利。

六、跨市套利的操作要点

跨市套利是在不同交易所之间的套利交易行为。同一商品在不同的市场、不同的地域从事各种交易，通过进出口或者其他的投资渠道，在时间差与地域差之间获利，在某一交易所买入（或卖出）某一交割月份的某种商品合约的同时，在另一交易所卖出（或买入）同一交割月份的同种商品合约，以期以后分别对冲获利，这就是跨市套利。品种价格波动的高度相关是进行跨市套利的基础，例如在伦敦金属交易所 (LME) 与上海期货交易所 (SHFE) 都进行阴极铜、铝的跨市套利交易。

当同一商品在两个交易所中的价格差额超出了将商品从一个交易所的交割仓库运送到另一交易所的交割仓库的费用时，可以预计，它们的价格将会吸引套利者套利从而缩小价格差额。在做跨市套利时应注意影响各市场价格差的几个因素，如运费、关税、汇率等。

跨市套利的具体操作方法是：买入某一交易所某一交割月份的某种商品合约的同时，卖出另一交易所同一交割月份的同种商品合约。如：近期某一套利者分析上海期货交易所和伦敦金属交易所的 3 月铜的价格有套利机会，上海的铜价格高估，伦敦的铜价格低估，于是卖出上海 3 月的铜合约、买入伦敦 3 月铜合约进行跨市套利。

七、跨品种套利的操作要点

跨商品套利，是指利用两种不同的、但是相互关联的商品之间的期货价格的差异进行套利，即买进 (卖出) 某一交割月份某种商品的期货合约，而同时卖出 (买入) 另一种相同交割月份、相互关联商品的期货合约，以期在有利时机同时将这两种合约对冲平仓获利。

跨商品套利必须具备三个条件：

（1）两种商品之间应具有关联性与相互替代性。

（2）交易价格受 些相同的因素制约。

（3）买进或卖出的期货合约通常应在相同的交割月份。

跨商品套利包括两种类型：

（1）相关商品间的套利，就是利用两种不同品种，但价格又相互关联的期货之间的价差变动进行套利。如：棕榈油 / 豆油 / 菜籽油间套利、小麦 / 玉米套利、大豆 / 玉米套利等。

（2）原料与成品间套利，是指利用原材料商品和它的制成品之间的价格关系进行套利。最典型的是大豆及其两种衍生品——豆粕和豆油之间的套利交易，还有原油与下游产成品（如：聚乙烯、聚丙烯、PP、沥青等）之间也可以进行这种形式的套利。

（3）大豆与豆粕和豆油之间的套利交易有两种做法：大豆提油套利和反向大豆提油套利。

①大豆提油套利

大豆提油套利的做法是：购买大豆期货合约的同时卖出豆油和豆粕的期货合约，并将这些期货交易头寸一直保持在现货市场上，购入大豆或将成品最终销售时才分别予以对冲。这样，大豆加工商就可以锁定产成品和原料间的价差，防止市场价格波动带来的损失。大豆提油套利是大豆加工商在市场价格关系基本正常时进行的，目的是防止大豆价格突然上涨，或豆油、豆粕价格突然下跌引起的损失，或使损失降至最低。

②反向大豆提油套利

反向大豆提油套利的做法：卖出大豆期货合约．买进豆油和豆粕的期货合约，同时缩减生产，减少大豆的购买，减少豆粕和豆油的供给量，三者之间的价格将会趋于正常。大豆加工商在期货市场中的盈利将有助于弥补现货市场中的亏损。

大豆加工商在市场价格反常时采用反向大豆提油套利。这是当大豆价格受某些因素的影响出现大幅上涨时，大豆可能与其产品出现倒挂而采用的套利策略。

大豆提油套利

八、期现套利的操作要点

期现套利是指利用期货市场与现货市场之间的不合理价差，通过在两个市场上进行反向交易，待价差趋于合理而获利的交易。一般来说，期货价格和现货价格之间的价差主要反映了持仓费。但现实中，价差并不绝对等同于持仓费。当两者出现较大的偏差时，期现套利机会就会存在。利用现货交割及持仓成本与期货价差进行套利交易。

具体来说有两种期现套利的情形：

（1）当期货与现货价差远远高于持仓费时，套利者就可以买入现货，同时卖出相关期货合约，待合约到期时，用所买入的现货进行交割。价差的收益扣除买入现货之后发生的持仓费用之后还有盈利，从而产生套利的利润。

（2）当期货与现货价差远远低于持仓费时，套利者就可以买入相关期货合约，待合约到期时，用交割获得的现货在市场上卖出获得一定价差收益。

不过，对于商品期货来说，由于现货市场缺少做空机制，从而限制了现货市场卖出的操作，因而最常见的期现套利操作是第一种情形。在实际操作中，也可不通过交割来完成期现套利，只要价差变化对其有利，就可通过将期货合约和现货部位分别了结的方式来结束期现套利操作。

期现套利

➤　**实训任务**

1.选择某一品种进行跨期套利成本计算。

2.在市场上寻找某一品种的跨期套利的牛市套利、熊市套利。

3.寻找一次跨品种套利机会，制定套利策略。

4.各自选择一个案例分析跨市套利和期现套利。

5.自测题五。

自测题五

项目六
期货价格分析

➤ **能力目标**

掌握基本分析法和技术分析法的基本理论和特点，并能运用两种分析方法研究和判断期货行情。熟悉期货基本面分析和技术面分析相关方法的运用。掌握期货的投机技巧和资金管理要领。

➤ **知识目标**

1. 掌握基本面分析的影响因素，并能对期货品种作基本面分析。
2. 熟悉期货产业链分析的方法，掌握主要品种产业链分析法。
3. 掌握技术面分析方法，并能对期货品种作技术面分析。

➤ **知识链接**

期货行情分析方法主要分为基本分析法和技术分析法两种。基本分析法的特点决定了它对价格的长期走势的把握比较准确，技术分析法的优势主要体现在研判中的短期趋势。只有将两种方法的优点结合起来，才能对行情进行准确的判断。

一、期货交易基本分析

基本分析就是根据期货价格的基本构成因素，对商品的实际供给和需求关系以及影响供求关系变化的种种因素进行综合分析，最终预测商品价格的走势。因此，期货基本分析主要对象是供求因素，还有货币政策、经济波动周期、政治、自然条件以及投机心理等其他因素，它们对期货价格的影响最终都是通过影响市场的供求因素来实现的。

（一）市场供求因素

1. 供给量

供给量主要通过供应量和需求量的分析来把握。供给是指在一定时间和地点，在不同价格水平下卖方意愿并能够提供的产品数量。供给方面主要考察前期库存量、本期产量和本期进口量三部分情况。

（1）期初库存量。期初库存量也就是上一期的期末结存量，期初库存量的多少直接影响本期供给。对于能够储藏的小麦、玉米、大豆等农产品以及能源和金属矿产品等，研究前期库存量是非常重要的。

（2）当期国内生产量。不同产品的产量受到不同因素的影响。例如，农产品必须注意分析研究播种面积，气候情况和作物生产条件，这样才能较好地掌握当期生产量。

（3）当期进口量。当期进口量即是本国市场销售的外国产品的数量。商品的实际进口量往往会受政治、汇率、关税等因素影响。因此，应尽可能及时了解和掌握国际形势，价格水平，进口政策和进口量的变化。

2. 需求量

商品市场的需求量是指在一定时间、地点和价格条件下买方愿意购买并有能力购买的某种商品数量。它通常由国内消费量、出口量和期末结存量三部分组成。

（1）当期国内消费量。商品国内消费量包括居民消费量和政府消费量，主要受国内消费者购买力、国内人口增长及消费结构的变化、政府收入与就业政策等的影响。

（2）当期出口量。出口量是指本国生产的产品销往国外市场的数量。商品出口量的变化会引起国内市场商品供求状况的变化，从而对该商品价格产生影响。

（3）期末商品结存量。当本期产量供不应求时，期末结存量减少；当本期产量供大于求时，期末结存量增加。

表 6-1　USDA：12 月美国大豆供需平衡表（2018 年 12 月 12 日 飞创信息）

项目	04/05★	05/06★	06/07★	07/08★	08/09★	09/10★	10/11★	11/12★	12/13★	13/14★	14/15★	15/16★	16/17★	17/18★	18/19★ 11月	18/19★ 12月	变动
美国大豆供需平衡表（单位：百万吨）																	
期初库存	3.06	6.96	12.23	15.62	5.58	3.76	4.11	5.85	4.61	3.83	2.5	5.19	5.35	8.21	11.92	11.92	0
产量	85.01	83.37	87	72.86	80.75	91.42	90.61	84.19	82.79	91.39	106.88	106.86	116.92	120.04	125.18	125.18	0
进口量	0.15	0.09	0.25	0.27	0.36	0.4	0.39	0.44	1.1	1.95	0.9	0.64	0.61	0.59	0.68	0.68	0
总供给	88.22	90.42	99.48	88.75	86.69	95.58	95.11	90.48	88.5	97.17	110.28	112.69	122.88	128.84	137.78	137.78	0
压榨量	46.16	47.32	49.2	49.08	45.23	47.67	44.85	46.35	45.97	47.19	50.98	51.34	51.74	55.93	56.61	56.61	0
内需总量	51.4	52.61	53.47	51.63	48.11	50.67	48.4	48.72	48.83	50.09	54.96	54.47	55.71	58.97	60.08	60.08	0
出口量	29.86	25.58	30.39	31.54	34.82	40.8	40.85	37.15	35.85	44.57	50.14	52.86	58.96	57.95	51.71	51.71	0

续表

项目	04/05★	05/06★	06/07★	07/08★	08/09★	09/10★	10/11★	11/12★	12/13★	13/14★	14/15★	15/16★	16/17★	17/18★	18/19★ 11月	18/19★ 12月	变动
总需求	81.26	78.19	83.86	83.17	82.93	91.47	89.25	85.87	84.68	94.66	105.1	107.33	114.67	116.92	111.79	111.79	0
结转库存	6.96	12.23	15.62	5.58	3.76	4.11	5.85	4.61	3.83	2.5	5.19	5.35	8.21	11.92	26	26	0
库存消费比	8.57%	15.64%	18.63%	6.71%	4.53%	4.49%	6.55%	3.49%	4.52%	2.64%	4.94%	4.98%	7.16%	10.20%	23.26%	23.26%	0.00%

美国大豆供需平衡表（单位：百万吨）

依据表6-1，结合大豆的需求量和供给量结构分布和供需状况分析，各年度均有不同程度的供给大于需求的状况。在供需状况比较分析数据的同时还要了解该商品的供求特点及影响因素，并将有关因素组合起来，进行综合分析，以判断它们对价格的综合作用。

（二）宏观经济分析

宏观经济分析包括经济周期因素和经济政策因素。经济政策的调整比较频繁，因而对期货价格影响也很大。例如，削减产量、出口管理制、利率或汇率的波动等。这些政策措施，对期货市场商品价格产生不同程度的影响。

1. 经济波动周期因素

经济周期一般由四个阶段构成，即复苏、繁荣、衰退、萧条。萧条是在经济周期的谷底，供求均处于较低水平，商品价格停止下跌，处于低水平上。复苏开始时处于前一周期的最低点，是从萧条到繁荣的过渡，这时经济开始从谷底回升，经济复苏，价格也开始回升。繁荣是经济周期的高峰阶段，其特征为生产迅速增加，投资增加，信用扩张，价格水平上升，就业增加，公众对未来持乐观态度。经济繁荣，期货市场交投活跃，大宗商品价格趋于上升。这四个阶段中，由于供需情况发生了变化，最后引起期货价格的变化，在分析期货价格的时候，要明确当前处于经济周期的哪个阶段。

案例6-1：新冠肺炎疫情导致大宗商品价格下跌

金融时报2020年3月17日消息。高盛称，随着疫情扩散，需求疲软，未来三个月大宗商品价格或将至少下降25%。彭博商品指数显示，今年以来，大宗商品价格下跌了23%。铜价下跌15%，布伦特原油下跌55%至每桶30美元。高盛预计，石油需求每天将减少800万桶，咖啡需求将下降10%。第二季度铜价将跌至每吨4900美元，油价将跌至每桶20美元。（信息来源：驻欧盟使团经济商务处）

2. 货币政策因素

货币政策已经成为世界各国非常重要的政策调节工具，货币政策的核心是货币供应量。如果中央银行采用宽松的货币政策，增加流通中的货币量，市场利率降低，通货膨胀

（下简称通胀）预期增强，商品物价水平上升。相反如果中央银行采用紧缩的货币政策，减少流通中的货币量，市场利率提高，通胀预期减弱，商品物价水平下降。总结起来就是，利率上升，资产价格下降；利率下降，资产价格上升。

金融货币因素对期货价格的影响主要表现在利率和汇率两方面。利率影响期货交易商的利息负担，受货币政策影响：利率上升，资产价格降低；利率下降，资产价格提高。汇率对于国际贸易和国际投资有直接影响，世界贸易中绝大部分农产品、主要工业原材料和能源的价格是根据世界各地相应的期货成交价格确定的，由于汇率的调整，国际商品的价格也会随之上下波动。货币政策，对于国际贸易和国际投资有直接影响。本币升值时，有利于进口，不利于出口。相反，本币贬值时，有利于出口，不利于进口。世界主要货币汇率变化会对期货市场产生显著影响，尤其是美元汇率的波动影响最大。

案例 6-2：美联储还有多少货币政策空间？

2020 年 3 月以来，为应对新冠肺炎疫情对美国经济和金融市场的冲击，美联储启用了货币政策工具箱中几乎所有的危机应对工具，更史无前例地直接进入信用市场购买企业债和债券 ETF。与之相应的，则是美联储资产负债表规模连创纪录。4 月 15 日，美联储资产规模已达到 6.4 万亿美元，较 3 月 18 日增加 1.7 万亿美元。3 月以来，美联储资产规模扩张速度已远远超出 QE1—QE3 时期。（来源：21 世纪经济报道）

3. 财政政策因素

财政政策主要是调节财政收入与支出，直接影响生产供给和市场需求状况。工具主要有税收与政府支出，如政府购买和转移支付等。经济萧条时一般采用宽松的财政政策以刺激经济恢复，使大宗商品市场走强。经济繁荣时，一般采用紧缩的财政政策使过热的经济降温，使大宗商品市场走弱。

4. 产业政策因素

产业政策是政府为了实现一定的经济和社会目标而对产业的形成和发展进行干预的各种政策的总和。产业政策往往有特定的产业指向，即扶持或抑制哪些产业发展。产业政策主要通过财政政策和货币政策实现其目标。

5. 宏观经济数据

主要的宏观经济数据包括：GDP、CPI、PMI、就业数据等，投资者可以寻找相关宏观经济数据与大宗商品价格以及其他相关因素的内在规律分析预测未来期货价格趋势。

（三）产业链分析

产业链分析是指从期货品种的上下游产业入手，研究产业链各个环节及相关因素对商品供求和价格影响及传导，从而分析和预测期货价格。

例如，要研究聚苯烯或聚乙烯，必须从原油产业链入手，进而深度挖掘，找到聚苯烯或聚乙烯价格波动的内在驱动因素。

农产品能源化工
产业链分析

（四）自然条件因素

自然条件主要是指气候条件、地理变化及自然灾害等。有时候因自然条件出现的变化，会对主要农产品的正常生产和消费带来较大影响，从而使供给发生变化，刺激期货价格的波动。

（五）政治因素

政治与经济历来都是密不可分的。当政局动荡时，经济整体受影响，期货市场受冲击，期货价格也会剧烈动荡。局势的变化，例如政变、内战、罢工等，国际方面包括战争、冲突、经济制裁等，所有这些因素都会导致期货价格的波动。

（六）投机和心理因素

在期货市场投机力量盛行时，若价格看涨，投机者会迅速买进合约，促进期货价格进一步上升；反之，若价格看跌，投机者会迅速卖空，促使期货价格进一步下跌。如此投机，对期货价格的变动起着推波助澜的作用。同样，期货交易者的心理因素有时对期货价格有很大程度的影响。当人们对市场信心十足时，即使没有什么利好消息，价格也可能上涨；反之，价格则会下跌。

在基本分析的领域中，因为涵盖信息很多、很复杂，对行情价格的影响也是很复杂的，需要投资人对市场基本因素进行综合判断。因此，投资者在做决策时应结合基本面的背景等综合考虑相关因素，来提升交易的绩效。

二、期货交易技术分析

基本分析方法虽然是预测价格走势的一种很重要的方法，但即使交易者掌握了所有影响价格的信息，也难以十分准确地把握价格走势。因此，产生了通过对市场行为本身的分析来预测市场价格的变动方向的另一种方法，即技术分析方法。

期货基本面分析

技术分析是根据期货合约价格的历史数据，在图表上有条理地记录下来，通过归纳分析研究，以推测未来价格的趋势。技术分析方法大致可划分为图形分析和指标分析两类。图形分析主要有K线图、趋势线、形态等分析方法。指标分析则主要有移动平均线（MA）、随机指标（KD）、平滑异同移动平均数（MACD）等。

（一）技术分析三大市场假设

1. 市场行为涵盖了一切信息

"市场行为包容消化一切信息"构成了技术分析的基础。技术分析者认为，能够影响某种商品期货价格的任何因素实际上都反映在其价格之中，只需研究期货市场交易行为即可，无需对背后的影响因素进行分析。

2. 市场价格按照趋势变动

这是技术分析最核心的观点，即价格以趋势方式演变，直到有反转现象为止。事实上，技术分析在本质上就是顺应趋势，即以判定和追随既成趋势为目的。研究价格图表就

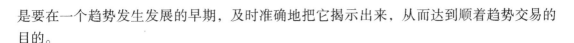

是要在一个趋势发生发展的早期，及时准确地把它揭示出来，从而达到顺着趋势交易的目的。

3. 历史会重演

"历史会重演"说得具体点就是学习历史展望未来，或者说将来是过去的翻版。过去价格变动在未来可能还会发生，我们利用统计分析找到规律，直到投资者进行有效投资。

（二）技术分析五大理论

1. 道氏理论

道氏理论是技术分析的基础。该理论的创始人是美国人查尔斯·亨利·道（Charles H. Dow）。为了反映市场总体趋势，他与爱德华·琼斯创立了著名的道琼斯平均指数，在《华尔街日报》上发表的有关股市的文章，成为道氏理论。

道氏理论的主要观点：（1）市场价格指数可以解释和反映市场的大部分行为。这是道氏理论的重大贡献。（2）市场波动的三种趋势。道氏理论认为，价格的波动尽管表现形式不同，但是，最终可以分为三种趋势，即主要趋势、次要趋势和短暂趋势。投资的关键是趋势的转折点。（3）交易量很重要。交易量提供的信息有助于我们理解某些市场行为。（4）收盘价是最重要的价格。

2. 波浪理论

艾略特波浪理论（Elliott Wave Theory）是美国人艾略特发明的一种技术分析理论。

（1）期货价格、股价指数的上升和下跌将会交替进行，像水波一样，循环往复。

（2）一个完整周期由上升（或下降）的5个过程和下降（或上升）的3个过程，共计8个过程所组成，推动浪和调整浪是价格波动两个最基本形态，而推动浪（即与大市走向一致的波浪）可以再分割成五个小浪，一般用第1浪、第2浪、第3浪、第4浪、第5浪来表示，调整浪也可以划分成三个小浪，通常用A浪、B浪、C浪表示。在上述八个波浪（五上三落）完毕之后，一个循环即告完成，走势将进入下一个八波浪循环。

（3）时间的长短不会改变波浪的形态，因为市场仍会依照其基本形态发展。波浪可以拉长，也可以缩短，但其基本形态永恒不变。

总之，波浪理论可以用一句话来概括："八浪循环"。

3. 江恩理论

威廉·江恩（William D. Gann）是20世纪最著名的投资家之一，江恩理论是投资大师威廉·江恩通过对数学、几何学、宗教、天文学的综合运用建立的独特分析方法和测市理论，是结合自己在股票和期货市场上的骄人成绩和宝贵经验提出的，包括江恩时间法则、江恩价格法则和江恩线等。

江恩理论认为股票、期货市场里也存在着宇宙中的自然规则，市场的价格运行趋势不是杂乱的，而是可通过数学方法预测的。江恩理论的主要分析方法包括：江恩圆形图、江恩方形图、角度线和轮中轮。江恩构造圆形图预测价格运行的时间周期；用方形图预测具体的价格点位；用角度线预测价格的支撑位和压力位；用轮中轮将时间和价位相结合来进行预测。

4.循环理论

期货市场存在循环发展的规律。循环周期理论认为，无论什么样的价格波动，都不会向一个方向永远走下去。价格的波动过程必然产生局部的高点和低点，这些高低点的出现，在时间上有一定的规律。我们可以选择低点做多、高点做空来获利。

5.相反理论

相反理论认为：市场中不可能多数人获利，要获得大的利益，一定要同大多数人的行动不一致，即反其道而行之的投资原则。

（三）图形分析

1.K线图及其组合分析

K线图是将单位时间的开盘价、收盘价、最高价和最低价用蜡烛型柱体连接起来的图形。在K线坐标图上，竖轴代表期货合约的价格，水平轴记录对应的时间项，时间标在图表的底部。我们主要以日K线图作为研究对象，如图6-1。

按不同的时间，K线图又可以分为日K线图、周K线图、月K线图、年K线图以及1分钟、5分钟、15分钟、30分钟及60分钟K线图表等。周K线图、月K线图和年K线图一般适合于中、长线交易分析，其余的K线图则适用于短线交易。

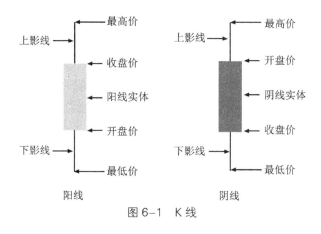

图6-1　K线

按以上规则，单根K线图可以表达当日的强弱含义，但在具体操作中往往意义不大。而应用K线组合后进行行情分析，准确性会大幅提高。常见的K线组合图有"两阳夹一阴""早晨之星""红三兵"等。

2.趋势线分析

趋势线反映的是期货价格的基本走势，它是图形分析中所使用的最简便同时也是最有价值的基本技术工具之一。趋势线主要有两种，即上升趋势线和下降趋势线。

无论是上升趋势线还是下降趋势线，均具有由支撑线和压力线所构成的一组平行线。高点与高点连接所形成的趋势线也称压力线，低点与低点连接所形成的趋势线也称支撑线。压力线对以后价格的上涨有一定的压制作用，支撑线对以后价格的回档有一定的支撑作用。构成压力线或支撑线连接的点越多越好，点越多，上升趋势线或下跌趋势线的支撑与反压讯号也越明显。压力线或支撑线都必须是直线，并且这两条直线须非常平行，如图6-2所示。

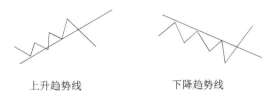

上升趋势线　　　　　　下降趋势线

图6-2　上升趋势线和下降趋势线

以趋势线方法分析预测价格走势，首先应了解价格处于上升趋势还是下降趋势，其次了解处于主要趋势还是次要趋势。当一条趋势线在时间上涵盖了长达数月之久，可以称之为主要趋势线或长期趋势线，涵盖时间较短的趋势线，则称之为次要趋势线或短期趋势线。

在实际运用过程中，如期货价格跌破上升趋势的支撑线，就是卖出信号。而没有跌破之前，上升趋势的支撑线处就是较好的买入点；如期货价格向上突破下降趋势的压力线，则是买入信号。而在没有突破下降趋势的压力线之前，价格每一次回升至压力线都是比较好的卖点。由此推论，一旦某个趋势如其趋势线所标志，具备了一定的坡度或演变速率之后，通常将继续保持同样的坡度。因此趋势线不仅可以确定在市场调整阶段价格运行的极限位置，更重要的是，它可以提示我们在何种情况下趋势正在发生变故。

切线分析

3.形态分析

形态分析就是通过对期货价格在K线图上所形成一段时间的特定图案或者花样进行具体的分析，以预测后期价格的走势。比较有操作意义的是反转形态。

反转形态是指期货价格趋势逆转所形成的图形，亦指期货价格由涨势转为跌势，或由跌势转为涨势的信号，意味着趋势正在发生重要转折。常见的反转形态有V形、双重形态、头肩形、圆弧形等。

所有反转形态都具备下列几点基本要素：①在市场上事先确有趋势存在，这是所有反转形态存在的前提；②现行趋势即将反转的第一个信号，经常是重要的趋势线被突破；③形态规模越大，则随之而来的市场动作越大；④交易量在验证向上突破信号的可靠性方面，更具参考价值。

（1）V形反转。V形反转形态有V形形态和倒转V形形态两大类。由于市场中卖方的力量很大，令期价持续且迅速下挫，当这股卖空的力量消失之后，买方的力量完全控制整个市场，使得期价迅速回升，几乎以下跌同样的速度涨至原来的期价。因此，在图表上期价的运行，形成一个像V字般的移动轨迹；倒V形情况正好相反，如图6-3。

MA60: 3910.25

4298

图 6-3 倒 V 形反转图

（2）双重形态。分为双重顶（M 头）和双重底（W 底）两种形态。双重顶和双重底的出现频率比较高，仅次于头肩形，易于识别。当期价上升至某一高价位时，出现大成交量，期价随后开始下跌，成交量跟着减少。然后，期价又上升至与前一高价位几乎相等的顶点，成交量随之大增，之后，期价再次下跌，这样形成双重顶。

双重底与双重顶形态正相反，在下跌趋势中，市场在某一相对低点止跌，确立了第一个低点，经过一定的反弹后，价格升至某一点位。然而，当价格下一轮下跌又会在第一个低点附近企稳，即形成第二个低点。当价格再次上升且有效冲出第一次反弹的高点后，形态成立，如图 6-4。

橡胶1309(日线.前复权) MA5: 19204.00 MA10: 19038.00 MA24 20631 25

图 6-4 双重底（W 底）图

在实际运用过程中，有如下两个要点：双重顶颈线跌破，是可靠的卖出信号；而双重底颈线突破，则是可靠的买入信号。

（3）头肩形。头肩形是最基本的反转形态，其他绝大多数反转形态都仅仅是头肩形的变体。头肩形又分为头肩顶形（如图6-5）和头肩底形。

98.20 MA10:1307.60 MA20 1 60 0 MA60 1437.08

图6-5　头肩顶形图

由于头肩底与头肩顶反转形态一样，所以此处仅以头肩顶为例进行讨论。头肩顶在实际运用过程中，有如下几个要点：

①头肩形是长期性趋势的转向形态，头肩顶形常出现于牛市的尽头，而头肩底形常出现于熊市的尽头。

②当头肩顶颈线被跌破时，是卖出的信号；当头肩底的颈线被突破时，是买入信号。其价格上涨和下跌的幅度等于头顶到颈线的距离。

③当颈线被跌破或被突破时，需要成交量的配合，否则，可能出现假跌破和假突破。另外，当头肩顶形跌破颈线时，有可能会出现回升，回升应该不超过颈线；头肩底形突破颈线时，有可能会出现回落，回落应该不超过颈线。

④最好的买点（或卖点）出现在突破颈线回落（或回升）后在拐头向上（或向下）之际。

（4）圆弧形态。圆弧形态分为圆弧顶及圆弧底。对于圆弧顶来说，期价呈弧形上升或下降，即虽然期价不断升高，但每一次涨幅不大，达至最高点又缓慢下落。对于圆弧底来说，走势正好相反。期价首先缓慢下跌，至最低点又慢慢攀升，形成圆弧底（如图6-6）。

图6-6　圆弧底图

如图 6-6 所示，圆弧底的左边下跌趋势逐步丧失动力，慢慢转变为右边新的上升动力。在圆弧的形成过程中，价格的升跌非常平缓，同时图表下方的交易量也倾向于形成相应的圆底形态。无论是在顶部还是在底部构造中，圆弧的成交量均逐步收缩，并且在新的方向占据主动时相应增加。

当圆弧顶及圆弧底形成后，期价并不会马上下跌或上升，通常要横向整理一段时间。一旦期价突破横向整理区域，对于圆弧顶的情况而言，会出现极大的跌幅，此时是卖出的信号；对于圆弧底而言，则会出现大的涨幅，此时是买入的信号。

形态分析

（三）指标分析

指标分析也是技术分析的重要组成部分。指标分析主要有移动平均线（MA）、平滑异同平均线（MACD）、相对强弱指标（RSI）、随机指标（KDJ）、人气指标（OBV）和乖离率（BIAS）等。

1. 移动平均线（MA）

移动平均线是用统计处理的方式，将若干天的期价加以平均，然后连成一条平均线，用于观察期价的未来走势。在期货价格分析中，移动平均线所取的时间序列值通常有 5 天、10 天、20 天、30 天。5 天、10 天的移动平均线称为短期移动平均线，用于分析短期价格走势；10 天、20 天、30 天的称为中期移动平均线，用于分析中期走势；30 天与更大值的称为长期移动平均线，用于分析长期走势。

一般当小数值的移动平均线上穿大数值的移动平均线，意味着期货交易新生力量在增强，所以期货价格后续看涨（如图 6-7）；反之，期货价格后续看跌。当期价在移动平均线之下时，短期价差给以后的反弹提供机会。一旦期价回升，突破移动平均线便是买进的好时机。

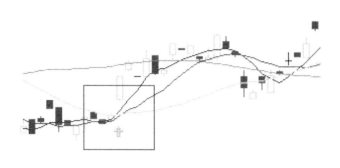

沪铜1308(日线,前复权) MA5: 50904.00 MA10: 50609.00

图 6-7

2. 平滑异同平均线（MACD）

平滑异同平均线（MACD）使用了正负值（DIF）和异同平均值（DEA）这两个指标，另外还使用了柱状（BAR）指标。其中 DIF 是快速平滑移动平均线与慢速移动平均线的差，快速指短期（如 12 日），慢速指长期（如 26 日）。

MACD 的应用原则大致为：

DIF 与 DEA 均为正值，即都在零轴线以上时，大势属多头市场，DIF 向上突破 DEA，可作买；DIF 与 DEA 均为负值，即都在零轴线以下时，大势属空头市场，DIF 向下跌破 DEA，可作卖。

当 DIF 线向上突破 DEA 平滑线即为涨势确认之点，也就是买入信号。反之，当 DIF 线向下跌破 DEA 平滑线时，即为跌势确认之点，也就是卖出信号。

当 DEA 线与 K 线趋势发生背离（如 DEA 线逐步走高，K 线趋势逐步走低为底背离或反之为顶背离）时则为反转信号。

分析 MACD 柱状图，由红变绿时往往指示该卖，反之往往为买入信号。

MACD 克服了移动平均线频繁产生的买入卖出信号，它的买入卖出信号较后者有更高的准确度。但是当市场处于无趋势行情即盘整时，MACD 所发出的买卖信号也易失真，此时更多的是借助 RSI 及 KD 指标。一般来说，MACD 捕捉中长期的买卖点比较有效，如图 6-8。

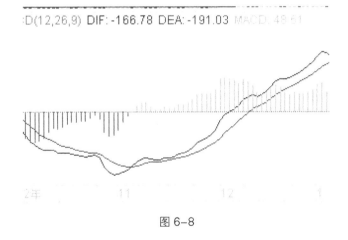

图 6-8

3. 随机指标（KDJ）

随机指标（KDJ）采用两条图线——K 线和 D 线，故简称 KD 线，相比之下，D 线更重要。随机指标综合了移动平均线、相对强弱指数的一些优点，它主要研究最高、最低价与收市价的关系，以分析价格走势的强弱及超买和超卖现象。

随机指标 KDJ 具体应用法则如下。

超买超卖区域的判断：K 值在 80 以上、D 值在 70 以上为超买的一般标准；K 值在 20 以下，D 值在 30 以下为超卖的一般标准。

在价格持续上涨或下跌时，K 值有可能达到大于 90 或小于 10 的极限值，也就是说，随机指数进入严重超买超卖区域。此时，市场正处于极强的牛市或熊市中。价格达到或超过当期最高或最低值，并不能说明已到了顶点，相反，此时价格极可能再创新高或新低。

K 值达到极限后常略作回档，再次接触极点，此时，市场极可能发生反转。

当 K 值大于 D 值时，表明当期是一种上涨的趋势，因此，当 K 值先从下向上突破 D 值时，是买进信号。反之，是一种下跌趋势，为卖出信号，如图 6-9。

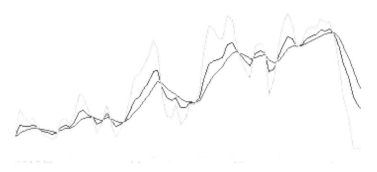

图 6-9

当期价走势一波比一波高但随机指标的曲线一峰比一峰低时，该走势称为顶背离，应注意做空；相反当期价走势一波比一波低但随机指标的曲线一峰比一峰高时，该走势称为底背离，一般为做多信号。

指标分析系列里还有许多指标，因为篇幅关系不一一列举了。

部分技术指标分析

▶ **实训任务**

1.运用期货价格分析方法，选取某一具体期货品种，完成品种的期货评论。

2.自测题六。

自测题六

项目七

金融期货交易

➤ **能力目标**

掌握外汇期货、利率期货、股票指数期货等金融期货的基本知识，学会股指期货行情看盘，熟悉股指期货的基本分析和操作，能进行股指期货的模拟交易。

➤ **知识目标**

1. 了解外汇期货的作用以及我国发展外汇期货的意义。

2. 认识并掌握国债期货合约及其影响因素。

3. 掌握主要的股指期货合约规定，能进行股指期货的模拟交易与行情看盘。

➤ **知识链接**

金融期货是指以金融工具或金融产品作为标的物的期货交易方式。金融期货交易具有期货交易的一般特征，但与商品期货相比，其合约标的物不是实物商品，而是金融工具或金融产品，如外汇、债券、股票指数等。按照标的物的不同，金融期货基本上可以分为三大类：外汇期货、利率期货和股票指数期货。

从交易机制或交易规则来说，金融期货和商品期货基本相同。但是，商品期货合约的标的物是有形的商品，而金融期货合约的标的物却是无形的金融工具或金融产品。

金融期货之父

一、外汇期货

（一）认识外汇期货

外汇期货是金融期货中最早出现的品种。自 1972 年 5 月芝加哥商业交易所的国际货币市场分部推出第一张外汇期货合约以来，随着国际贸易的发展、世界经济一体化进程的加快以及其他国家和地区蜂起仿效，外汇期货交易曾经接连多年保持着旺盛的发展势头。随着欧元的流通，外汇市场上交易品种明显减少，外汇期货的交易量也有所减少。外汇期货交易量较小的另一个重要原因是外汇市场比较完善与发达。以银行和金融机构为主的外汇市场遍布全球各个国家和地区，交易网点数不胜数，还有众多的衍生品交易方式，在这种情况下，外汇期货交易的空间一定程度上被挤压了。

芝加哥商业交易所是最早开设外汇期货交易的场所，也是美国乃至世界上最重要的外汇期货交易场所。活跃的外汇交易品种有欧元、日元、加拿大元、瑞士法郎、英镑、墨西哥比索及澳元。表 7-1 是欧元期货合约细则，其他货币期货合约条款基本与之相近。

表 7-1　欧元期货合约

合约月份	6 个连续的季度月
交易单位	125000 欧元
最小变动价位	0.0001 点，每合约 12.50 美元；价差套利最小变动价位减半
每日价格波动限制	200 点（7:20 至 7:35 之间），每合约 2500 美元，7:35 以后不设价格限制
交易时间	上午 7:20 至下午 2:00（场内公开叫价）（周一至周五）；下午 4:30 分至次日下午 4:00（全球电子交易系统）
最后交易日	交割日期前第 2 个营业日（通常为星期一）的上午 9:16
交割日期	合约交割月份的第 3 个星期三
交割地点	结算所指定的各货币发行国银行
大户报告制度	每个交易者持有期货合约及期权合约头寸（包括所有月份）的净多或净空超过 10000 张时，必须向交易所报告

注：外币期货报价取最后 4 位数作为报价点数，比如，0.9675 美元 / 欧元报为 9 675 点。

不同币种的期货合约有关交易单位、最小变动价位及每日价格波动限制的规定不尽相同，表 7-2 为芝加哥商业交易所主要币种期货合约规格。

表 7-2　芝加哥商业交易所主要币种期货合约规格

币种	交易单位	最小变动价位	每日价格波动限制
欧元	125000 欧元	0.0001 每合约 12.50 美元	200 点 每合约 2500 美元
日元	12500000 日元	0.000001 每合约 12.50 美元	150 点 每合约 1875 美元
加拿大元	100000 加元	0.0001 每合约 10 美元	100 点 每合约 1000 美元
瑞士法郎	125000 法郎	0.0001 每合约 12.50 美元	150 点 每合约 1875 美元

币种	交易单位	最小变动价位	每日价格波动限制
英镑	62500 英镑	0.0002 每合约 12.50 美元	400 点 每合约 2500 美元
墨西哥比索	500000 比索	0.000025 每合约 12.50 美元	200 点 每合约 1000 美元
澳元	100000 澳元	0.0001 每合约 10 美元	150 点 每合约 1500 美元

伴随着人民币汇改和人民币国际化的推进，人民币外汇期货已经成为全球期货市场一股新生力量而备受国际的关注和世界的瞩目，目前该合约广泛分布于美国、南非、巴西、中国香港、新加坡等境外金融市场。

1. 芝加哥商业交易所的人民币期货合约

2006 年 8 月 27 日，美国芝加哥商业交易所率先推出了以人民币汇率为基础资产的外汇期货合约，包括人民币兑美元、人民币兑欧元以及人民币兑日元这三种期货和期权合约，在其交易所的全球平台 Golbex 电子交易系统上开展交易，并选择了汇丰银行和渣打银行作为首批人民币外汇期货的做市商。之后，芝商所又上线了标准美元兑离岸人民币期货、标准美元兑人民币期货、电子微型美元兑离岸人民币期货和电子微型美元兑人民币期货这四个人民币外汇期货主力合约品种。芝加哥商业交易所人民币外汇期货合约见表 7-3。

表 7-3 芝加哥商业交易所人民币期货合约表

合约月份	连续 13 个日历月再加上 2 个延后的季度月
交易单位	1000000 人民币元
最小变动价位	0.00001 点，每合约 10 美元；价差套利最小变动价位减半
每日价格波动限制	不设价格限制
交易时间	周日下午 3 点至周五下午 4 点（全球电子交易系统）
最后交易日	合约最后交易时间为北京时间第 3 个星期三之前的一个交易日（通常为周二）早上 9 点，相当于美国中部时间晚上 7 点或者夏令时晚上 8 点
交割日期	现金交割，交割价格以中国人民银行于该合约最后交易日早晨 9:15（北京时间）公布的汇率为准
大户报告制度	每个交易者持有期货合约及期权合约头寸（包括所有月份）的净多或净空超过 6000 张时，必须向交易所报告；现货月合约限制为 2000 张

2. 香港交易所的美元对人民币期货合约

香港交易所电子平台于 2012 年 9 月 17 日正式推出了美元对人民币期货合约，为全球首只人民币可交收货币期货合约，合约面值为 10 万美元，保证金比例为 1.24%，以人民币报价，在合约到期日以香港财资市场公会发布的美元对人民币即期定盘价为计价依据，按合约的美元价值以人民币进行实物交收。合约月份为即月、下三个日历月以及之后的三个季月，该期货合约的推出将取代人民币无本金交割远期合约而成为离岸人民币定价的权威工具。目前港交所人民币货币期货、期权有 6 个品种，即美元兑人民币（香港）期货、美元兑人民币（香港）期权、欧元兑人民币（香港）期货、日元兑人民币（香港）期货、澳元兑人民币（香港）期货和人民币（香港）兑美元期货。

3. 新交所的人民币期货合约

2014 年 10 月 20 日，新交所正式推出人民币期货合约，包括美元兑离岸人民币期货和人民币兑美元期货合约，合约规模分别为 10 万美元和 50 万人民币。此外这两款期货合约的合约月份均为 13 个连续月份合约和 8 个季度合约，这与美国芝加哥商业交易所上市的人民币外汇合约是相同的。

（二）外汇期货的交易方法

1. 外汇期货套期保值交易

外汇期货套期保值交易可分为空头套期保值和多头套期保值两类。

（1）外汇期货空头套期保值

外汇期货空头套期保值是指在即期外汇市场上持有某种货币的资产，为防止未来该货币贬值，而在外汇期货市场上做一笔相应的空头交易，从而在即期外汇市场和外汇期货市场上建立盈亏冲抵机制，回避汇率变动风险。

适合做外汇期货卖出套期保值的情形主要包括：①持有外汇资产者，担心未来货币贬值；②出口商和从事国际业务的银行预计未来某一时间将会得到一笔外汇，为了避免外汇汇率下跌造成损失。

（2）外汇期货多头套期保值

外汇期货多头套期保值是指在即期外汇市场上拥有某种货币负债的人，为防止将来偿付时该货币升值的风险，而在外汇期货市场上做一笔相应的买进该货币期货合约的交易，从而在即期外汇市场和外汇期货市场上建立盈亏冲抵机制，回避汇率变动风险。

适合做外汇期货买入套期保值的情形主要包括：①外汇短期负债者担心未来货币升值；②国际贸易中的进口商担心付汇时外汇汇率上升造成损失。

2. 外汇期货投机与套利交易

外汇期货投机交易，可以分为空头投机交易与多头投机交易，多头投机是指投机者预测某种货币汇率上升，先买后卖，将先前设立的多头地位了结，从中谋取盈利的行为。空头投机与多头投机相反。空头投机是预测某种货币汇率下跌，先卖后买，了结先前的空头地位，从中谋取盈利。

二、利率期货

（一）认识利率期货

利率期货是指以利率工具为标的物的期货合约，它可以回避利率波动所引起的风险。尽管利率期货的产生比外汇期货晚了 3 年多，其发展速度却比外汇期货快得多。

利率期货可以分为短期利率期货和中长期利率期货两类。在美国，利率期货交易量基本上集中在芝加哥商业交易所和芝加哥期货交易所。芝加哥商业交易所以短期利率期货

（期权）为主，芝加哥期货交易所以长期利率期货（期权）为主。在美国之外，中长期利率期货（期权）是欧洲期货交易所的主要品种，泛欧交易所（Euronext）则以短期利率期货（期权）为主。

利率期货的标的是货币市场和资本市场的各种利率工具。

利率工具按不同期限，可分为货币市场的利率工具和资本市场的利率工具。货币市场利率工具的期限通常不超过一年，主要有短期国库券（T-bills）、商业票据、可转让定期存单（CD）以及各种欧洲货币等；资本市场利率工具的期限在一年以上，利率工具主要有各国政府发行的中、长期国债。以一年以内的短期利率工具作为期货合约标的物的期货交易称为短期利率期货；超过一年的债务工具称作长期利率工具，以长期利率工具作为期货合约标的物的期货交易称为长期利率期货。

利率期货基础

（二）我国的国债期货

国债期货是国际上历史悠久、运作成熟、风险可控、使用广泛的金融期货产品和风险管理工具。目前，除我国之外，全球前 15 大经济体都推出了国债期货产品。国债期货是国际上成熟的金融期货产品，也一直是中金所的重要储备品种。随着我国债券规模的扩大和利率市场化改革的推进，债券持有者参与国债期货保值避险的需求日趋强烈。上市国债期货为市场提供重要的风险管理工具，形成由债券发行、交易、风险管理三级构成的完整的债券市场体系；为债券市场提供有效的定价基准，形成健全完善的基准利率体系；有利于活跃国债现券交易，提高债券市场流动性，推动债券市场的统一互联；有助于促进债券发行，扩大直接融资比例，推动债券市场的长远发展，更好地发挥服务实体经济的作用。

目前我国在中国金融期货交易所可交易的国债期货有 2 年期、5 年期、10 年期这三种合约形式。以 5 年期国债期货交易为例，其合约标的为面额 100 万元人民币，票面利率 3% 的 5 年期名义标准国债；每日价格最大波动限制为上一交易日结算价的 ±1.2%；最低交易保证金为合约价值的 1%，即按照最低交易保证金，交易一手该合约的保证金为 1 万元（见表 7-4）。

表 7-4　中国金融期货交易所 5 年期国债期货交易合约

5 年期国债期货合约表	
合约标的	面值为 100 万元人民币、票面利率为 3% 的名义中期国债
可交割国债	发行期限不高于 7 年、合约到期月份首日剩余期限为 4～5.25 年的记账式附息国债
报价方式	百元净价报价
最小变动价位	0.005 元
合约月份	最近的三个季月（3 月、6 月、9 月、12 月中的最近三个月循环）
交易时间	9:15—11:30，13:00—15:15
最后交易日交易时间	9:15—11:30
每日价格最大波动限制	上一交易日结算价的 ±1.2%
最低交易保证金	合约价值的 1%

续表

5年期国债期货合约表	
最后交易日	合约到期月份的第二个星期五
最后交割日	最后交易日后的第三个交易日
交割方式	实物交割
交易代码	TF
上市交易所	中国金融期货交易所

对于表7-4需要关注以下两点：

（1）合约的标的设定一手的总价值为100万元，额定的票面利率为3%。在交割时，必须是发行期限不高于7年、合约到期月份首日剩余期限为4～5.25年的记账式附息国债，只要满足条件的都能进行交割。

（2）国债期货的报价不是全额报价，为了能更直观地表现出价格的波动，采取的是百元报价的方式。

影响国债期货价格的主要因素是国债现货价格，而国债现货价格主要受市场利率影响，通常国债期货价格与市场利率呈反向变动。影响市场利率的主要因素有：

（1）货币供给量

货币供给量由狭义货币M1和广义货币M2（M1和储蓄存款）组成，金融市场发达国家还会计算更广义的M3（M2和其他短期流动资产）。货币供应量增加导致利率下行，国债现货价格上涨引起期货价格上涨。

（2）宏观经济政策

宏观经济政策主要包括货币政策和财政政策，扩张性的货币政策会引起市场利率下行，扩张性的财政政策也会引起市场利率下行。相反，紧缩性的财政政策、货币政策将引起市场利率上行。除了本国的宏观经济政策外，全球主要经济体、本国主要对外贸易伙伴、主要投资输入输出地的宏观经济政策都对利率有着重要影响。

（3）汇率

某国汇率币值上升，在其他因素不变的情况下，该国利率会相对下降，引起国债期货价格上涨。这是因为更多的外资会流入该国市场，降低资金成本，即降低无风险利率，反之亦然。

国债期货基础知识

（三）国债期货的交易策略

1. 套期保值策略

利用国债期货进行套期保值回避的是利率变动的风险。国债期货套期保值策略分为卖出套期保值和买入套期保值两大类。

国债期货卖出套期保值是通过期货市场开仓卖出国债期货合约，以期在现货和期货两个市场建立盈亏冲抵机制，规避市场利率上升带来的风险。适用的情形主要有：①持有债券，担心利率上升，其债券价格下跌或者收益率相对下降。②利用债券融资的筹资人，担心利率上升，导致融资成本上升。③资金的借方，担心利率上升，导致借入成本增加。

国债期货买入套期保值是通过期货市场开仓买入国债期货合约，建立现货和期货盈亏冲抵机制，规避市场利率下降的风险。其适用的情形主要有：①计划买入债券，担心利率下降，导致债券价格上升。②承担按固定利率计息的借款人，担心利率下降，导致资金成本相对增加。③资金的贷方，担心利率下降，导致贷款利率和收益下降。

2. 套利交易策略

国债期货的套利交易主要有跨期套利、跨品种套利以及期现套利三种类型。跨市套利机会很少，这里不介绍。

当国债期货不同交割月份合约间价差过大或过小，会存在潜在的套利机会。跨期套利存在两种形式：买入价差套利和卖出价差套利。

买入价差套利是当国债期货合约间价差低估时，买入高价合约卖出低价合约，待价差恢复正常再平仓获利。

卖出价差套利是当国债期货合约间价差高估时，卖出高价合约买入低价合约，待价差恢复正常再平仓获利。

国债期货跨品种套利交易策略是基于一般期限不同的债券对利率变动的敏感程度不同，期限长的债券对利率变动的敏感程度更大，如果市场利率下降时，期限长的债券价格涨幅大于短期债券，这时候可以买入长期债券卖出短期债券的跨品种套利。

国债期现套利是基于国债期货和现货价格发生偏离时，同时买入现货国债现货卖出国债期货，或者是相反操作。这种交易策略又称为国债基差交易。

3. 投机交易策略

投机交易是选择买入或卖出国债期货合约，持有多头头寸或空头头寸。这种交易策略主要有空头投机与多头投机两类。

如果预测市场利率下降，则债券价格将会上升，可以选择做多头投机；相反，选择做空头投机。

三、股指期货

（一）股票指数

股票指数是衡量和反映所选择的一组股票的价格变动的指标。不同的股票市场有不同的股票指数，同一股票市场也可以有多个股票指数。一般而言，在编制股票指数时，首先需要从所有上市股票中选取一定数量的样本股票。在确定了样本股票之后，还要选择一种计算简便、易于修正并能保持统计口径的一致且连续的计算公式作为编制的工具。通常的计算方法有如下三种：算术平均法、加权平均法和几何平均法。在此基础上，确定一个基期日，并将某一既定的整数（如 100、1000 等）定为该基期的股票指数。之后根据各时期的股票价格和基期股票价格的对比，计算出升降百分比，即可得出该时点的股票指数。

全球主要股票价格指数有道琼斯平均价格指数、标准·普尔 500 指数、纳斯达克指数、英国富时 100 指数、法国 CAC40 指数、德国 DAX 指数、俄罗斯 MOEX 指数、日本日经 225 指数、中国香港恒生指数、韩国综合指数、新加坡海峡指数、中国台湾加权指数、澳大利亚综合指数等。

（二）认识股指期货

股指期货，即股票价格指数期货，是指以股价指数为标的物的标准化期货合约，双方约定在未来的某个特定日期，可以按照事先确定的股价指数的大小，进行标的指数的买卖，到期后通过现金结算差价来进行交割。20世纪70年代，西方各国陷入了前所未有的经济和金融双混乱时期。在经济危机和金融混乱的双重压力下，股市危局频频出现，如何创造一个适宜于股市的避险工具，自然而然被提上议事日程。最早向美国商品期货交易委员会提交开展股票指数期货交易报告的是堪萨斯市交易所。1982年2月，美国商品交易委员会同意引进股指期货合约交易。1982年2月24日，堪萨斯市交易所推出了价值线指数期货合约的交易。1982年4月21日，芝加哥商业交易所推出S&P500股指期货交易。紧接着，纽约期货交易所于1982年5月6日推出了NYSE综合指数期货交易。1983年8月，芝加哥期货交易所推出了主要市场指数（MIMI）期货交易。股指期货一诞生，就取得了空前的成功。

（三）我国上市的股指期货

1. 沪深300股指期货

沪深300指数是由上海和深圳证券市场中市值大、流动性好的300只A股作为样本编制而成的成分股指数，沪深300指数以2004年12月31日为基日，基点为1000点，于2005年4月8日正式发布，综合反映中国A股市场上市股票价格的整体表现，具有良好的市场代表性。该指数现在归属于中证指数公司，由中证指数公司维护和发布。沪深300股指期货合约见表7-5。

表7-5　沪深300股指期货合约表

合约标的	沪深300指数
合约乘数	每点300元
报价单位	指数点
最小变动价位	0.2点
合约月份	当月、下月及随后两个季月
交易时间	上午：9:30—11:30，下午：13:00—15:00
每日价格最大波动限制	上一个交易日结算价的 ±10%
最低交易保证金	合约价值的8%
最后交易日	合约到期月份的第三个周五，遇国家法定假日顺延
交割日期	同最后交易日
交割方式	现金交割
交易代码	IF
上市交易所	中国金融期货交易所

（1）合约标的。合约标的是指股指期货合约的基础资产，如沪深300股指期货的合约标的即为沪深300股票价格指数。

（2）合约乘数。一张合约的价值等于股指期货合约市场价格的指数点与合约乘数的乘积。沪深300指数期货的合约乘数为每点人民币300元。如2020年4月25日股指期货的点数为3775点时，一张合约价值为3775×300=113.25万元。

（3）报价方式及最小变动价位。股指期货合约的报价单位为指数点，沪深300股指期货的交易指令，分为市价指令、限价指令及交易所规定的其他指令，沪深300股指期货的最小变动价位为0.2点，意味着合约交易报价的指数点数必须为0.2点的整数倍，一张合约最小变动值为0.2×300=60元。

（4）合约月份。合约月份是指股指期货合约到期交割的月份。沪深300股指期货的合约月份为当月、下月及随后两个季月。

（5）每日价格最大变动限制。价格限制是指期货合约在一个交易日中交易价格的波动不得高于或者低于规定的涨跌幅度。沪深300股指期货的每日价格波动限制为上一交易日结算价的±10%，季月合约上市首日涨跌停板幅度为挂盘基准价的±20%。上市首日有成交的，于下一交易日恢复到合约规定的涨跌停板幅度；上市首日无成交的，下一交易日继续执行前一交易日的涨跌停板幅度。沪深300股指期货合约最后交易日涨跌停板幅度为上一交易日结算价的±20%。

（6）合约交易保证金。合约交易保证金占合约总价值的一定比例。合约交易保证金是指投资者进行期货交易时缴纳的用来保证履约的资金，一般占交易合约价值的一定比例。沪深300股指期货合约最低交易保证金为合约价值的8%，中金所已将沪深300股指期货的交易保证金统一调整为10%。

（7）交割方式。股指期货采用现金交割方式，按照交割结算价计算持仓者的盈亏，进行资金划转，了结合约。交割结算价为最后交易日标的指数最后2小时的算术平均价（计算结果保留至小数点后两位）。

（8）每日结算价。沪深300股指期货合约的当日结算价采用该期货合约最后一小时按成交量加权的加权平均价。其他详细规定见交易所官网。

2.中证500股指期货

中证500指数是根据科学客观的方法，挑选沪深证券市场内具有代表性的中小市值公司组成样本股，以便综合反映沪深证券市场内中小市值公司的整体状况。其样本空间内股票扣除沪深300指数样本股及最近一年日均总市值排名前300名的股票，剩余股票按照最近一年（新股为上市以来）的日均成交金额由高到低排名，剔除排名后20%的股票，然后将剩余股票按照日均总市值由高到低进行排名，选取排名在前500名的股票作为中证500指数样本股。中证500股指期货合约见表7-6。

表7-6 中证500股指期货合约表

合约标的	中证500指数
合约乘数	每点200元
报价单位	指数点
最小变动价位	0.2点
合约月份	当月、下月及随后两个季月
交易时间	上午：9:30—11:30，下午：13:00—15:00

续表

每日价格最大波动限制	上一个交易日结算价的 ±10%
最低交易保证金	合约价值的 8%
最后交易日	合约到期月份的第三个周五，遇国家法定假日顺延
交割日期	同最后交易日
交割方式	现金交割
交易代码	IC
上市交易所	中国金融期货交易所

中证 500 股指期货合约和沪深 300 股指期货的合约规定大部分一样，区别在于合约乘数，中证 500 股指期货为人民币 200 元。

3. 上证 50 股指期货

上证 50 指数是根据科学客观的方法，挑选上海证券市场规模大、流动性好的最具代表性的 50 只股票组成样本股，以便综合反映上海证券市场最具市场影响力的一批龙头企业的整体状况。上证 50 指数自 2004 年 1 月 2 日起正式发布，其目标是建立一个成交活跃、规模较大、主要作为衍生金融工具基础的投资指数。上证 50 股指期货合约见表 7-7。

表 7-7　上证 50 股指期货合约表

合约标的	上证 50 指数
合约乘数	每点 300 元
报价单位	指数点
最小变动价位	0.2 点
合约月份	当月、下月及随后两个季月
交易时间	上午：9:30—11:30，下午：13:00—15:00
每日价格最大波动限制	上一个交易日结算价的 ±10%
最低交易保证金	合约价值的 8%
最后交易日	合约到期月份的第三个周五，遇国家法定假日顺延
交割日期	同最后交易日
交割方式	现金交割
交易代码	IH
上市交易所	中国金融期货交易所

上证 50 股指期货合约规定和沪深 300 股指期货合约规定基本一致。

（三）股指期货的交易方法

股指期货

1. 股指期货套期保值操作

股指期货套期保值分为空头 (卖出) 套期保值和多头 (买入) 套期保值两种。

（1）空头套期保值。空头套期保值是指交易者为了回避股票市场价格下跌的风险，通过在股指期货市场卖出股票指数的操作，而在股票市场和股指期货市场上建立盈亏冲抵机制。进行空头套期保值的情形主要是：投资者持有股票组合，担心股市大盘下跌而影响股票组合的收益。

（2）多头套期保值。多头套期保值是指交易者为了回避股票市场价格上涨的风险，通过在股指期货市场买入股票指数的操作，而在股票市场和股指期货市场上建立盈亏冲抵机制。进行多头套期保值的情形主要是：投资者在未来计划持有股票组合，担心股市大盘上涨而使购买股票组合成本上升。

2. 股指期货期现套利操作

股指期货合约实际价格恰好等于股指期货理论价格的情况比较少，多数情况下股指期货合约实际价格与股指期货理论价格总是存在偏离。当前者高于后者时，称为期价高估；当前者低于后者时，称为期价低估。

（1）期价高估与正向套利。当存在期价高估时，交易者可通过卖出股指期货的同时买入对应的现货股票进行套利交易，这种操作称为"正向套利"。

（2）期价低估与反向套利。当存在期价低估时，交易者可通过买入股指期货的同时卖出对应的现货股票进行套利交易，这种操作称为"反向套利"。

3. 股指期货投机交易操作

分析股指期货的价格走势、选择多头投机或者空头投机、分析股指期货价格走势有基本面分析和技术面分析两种方法。

► **实训要求**

1. 结合外汇市场，分析中国发展外汇期货的意义。

2. 选一种国债期货品种分析其价格走势。

3. 进行沪深 300 股指期货的投机与套利模拟交易，写出交易过程。

自测题七

4. 自测题七。

项目八

期　权

➤ **能力目标**

　　掌握期权的基本知识，学会期权行情基本看盘，掌握期权的基本分析和模拟操作。

➤ **知识目标**

　　1.掌握期权的价格组成、期权的特点和分类。

　　2.认识并掌握期权合约及其交易操作。

　　3.进行期权的行情分析及盈亏计算。

➤ **知识链接**

一、认识期权

　　期权（Options）是一种选择权，它是一种能够在未来某特定时间以特定价格，买入或卖出一定数量的某种特定资产的权利。所谓期权交易，实际上就是指这种"权利"的买卖。

　　期权有四大构成要素。

　　（1）权利金：期权的买方为获取期权合约所赋予的权利而必须支付给卖方的费用，又称期权费、保险费、期权价格或权价。

　　（2）执行价格：期权的买方依据合约规定，买进或卖出相关商品或期货所依据的价格。

　　（3）到期日：根据合约约定期权买方可以行使期权的最终有效期限。超过这一天，期权合约将宣布作废，同时未执行的期权视为自动放弃。

　　（4）标的资产：每一期权合约对应一个标的资产，标的资产可以是众多产品中的一种，如各种类型大宗商品、股票、股价指数、期货合约、债券、外汇等。

二、期权的分类

（一）按期权买方的权利划分：看涨期权与看跌期权

　　看涨期权是指期权的买方有权按照执行价格和规定时间从卖方手中买进一定数量的标

的资产，看涨期权又称为买权、买入选择权、认购期权或买方期权等。

看跌期权是指期权的买方有权按照执行价格和规定时间将一定数量的标的资产卖给卖方，看跌期权又称为卖权、卖出选择权、认沽期权或卖方期权等。

例：若投资者买入一份纽约商业交易所的执行价格为 80 美元／桶的轻质低硫原油看涨（看跌）期货期权合约，则当投资者行使权利时，不管当时原油的期货价格是多少，他都有权在规定的时间内以每桶 80 美元的价格买入（卖出）一份轻质低硫原油期货合约。

（二）按期权买方执行期权的时限划分：欧式期权与美式期权

欧式期权是指期权买方只能在期权到期日才能执行的期权，见表 8-1 沪深 300 股指期权合约表。美式期权是指期权买方在期权到期前的任何时间均可执行的期权。美式期权与欧式期权是根据行权时间来划分的，与地理位置无关。此外，美式期权比欧式期权更为灵活，赋予买方更多的选择，而卖方则时刻面临着履约的风险，因此美式期权的权利金相对较高。见表 8-2 白糖期权合约表。

例如对于欧式轻质低硫原油期货期权来说，持有者只有在合约规定的日期选择是否执行期权，而在这之前，不管行情对持有者多么有利，都无权执行。对于美式轻质低硫原油期货期权来说，只要持有者愿意，他可以选择期权到期日之前任何一天来行权，而不必等到到期日。

（三）按期权合约的标的资产划分：现货期权与期货期权

现货期权的标的物为现货资产，到期交割的是现货商品，见表 8-1 沪深 300 股指期权合约表；期货期权的标的物为期货合约，期权履约后，买卖双方的期权部位将转换为相应的期货部位，见表 8-2 白糖期权合约表。

表 8-1　沪深 300 股指期权合约表

合约标的物	沪深 300 指数
合约乘数	每点人民币 100 元
合约类型	看涨期权、看跌期权
报价单位	指数点
最小变动价位	0.2 点
每日价格最大波动限制	上一交易日沪深 300 指数收盘价的 ±10%
合约月份	当月、下 2 个月及随后 3 个季月
行权价格	行权价格覆盖沪深 300 指数上一交易日收盘价上下浮动 10%对应的价格范围： 对当月与下 2 个月合约： 行权价格 ≤ 2500 点时，行权价格间距为 25 点； 2500 点 < 行权价格 ≤ 5000 点时，行权价格间距为 50 点； 5000 点 < 行权价格 ≤ 10000 点时，行权价格间距为 100 点； 行权价格 >10000 点时，行权价格间距为 200 点。 对随后 3 个季月合约： 行权价格 ≤ 2500 点时，行权价格间距为 50 点； 2500 点 < 行权价格 ≤ 5000 点时，行权价格间距为 100 点； 5000 点 < 行权价格 ≤ 10000 点时，行权价格间距为 200 点； 行权价格 >10000 点时，行权价格间距为 400 点。

续表

行权方式	欧式
交易时间	9:30—11:30，13:00—15:00
最后交易日	合约到期月份的第三个星期五，遇国家法定假日顺延
到期日	同最后交易日
交割方式	现金交割
交易代码	看涨期权：IO 合约月份 -C- 行权价格 看跌期权：IO 合约月份 -P- 行权价格
上市交易所	中国金融期货交易所

表 8-2　白糖期权合约表

合约标的物	白糖期货合约
合约类型	看涨期权、看跌期权
交易单位	1 手（10 吨）白糖期货合约
报价单位	元（人民币）/ 吨
最小变动价位	0.5 元 / 吨
涨跌停板幅度	与白糖期货合约涨跌停板幅度相同
合约月份	标的期货合约中的连续两个近月，其后月份在标的期货合约结算后持仓量达到 5000 手（单边）之后的第二个交易日挂牌。
交易时间	每周一至周五上午 9:00—11:30，下午 13:30—15:00，以及交易所规定的其他交易时间。
最后交易日	标的期货合约交割月份前一个月的第三个交易日，以及交易所规定的其他日期。
到期日	同最后交易日
行权价格	以白糖期货前一交易日结算价为基准，按行权价格间距挂出 5 个实值期权、1 个平值期权和 5 个虚值期权。 行权价格 ≤ 3000 元 / 吨，行权价格间距为 50 元 / 吨； 3000 元 / 吨＜行权价格 ≤ 10000 元 / 吨，行权价格间距为 100 元 / 吨； 行权价格＞10000 元 / 吨，行权价格间距为 200 元 / 吨。
行权方式	美式。买方可在到期日前任一交易日的交易时间提交行权申请；买方可在到期日 15:30 之前提交行权申请、放弃申请
交易代码	看涨期权：SR- 合约月份 -C- 行权价格 看跌期权：SR- 合约月份 -P- 行权价格
上市交易所	郑州商品交易所

（四）按其是否在交易所交易划分：场内期权与场外期权

场内期权是指在交易所内以固定的程序和方式进行的期权交易，又称上市期权。场外期权是指不能在交易所上市交易的期权，又称零售期权。

场内期权与场外期权的区别主要表现在期权合约是否标准化。场外市场是指管制较少的市场，期权合约可以私下交易，但其交易成本要比场内高。场外期权的优点是其非标准化的合约可以弥补交易所标准化合约的不足，从而满足资产管理人的一些特殊要求，并且除交易双方外，其他人无法掌握交易的相关信息。相对场外期权，交易所提供的二级市场为投资者提供了充分的流动性，同时所有期权合约都由"结算公司"进行结算，结算公司作为所有期权投资者的对手方，承受交易对手方的信用风险。因此，场内期权持有者不必担心交易对手方的信用。

（五）按执行价格与标的物市价的关系划分：实值期权与虚值期权

实值期权：标的物市场价格高于执行价格的看涨期权以及标的物市场价格低于执行价格的看跌期权。

平值期权：标的物市场价格等于执行价格的期权。

虚值期权：标的物市场价格低于执行价格的看涨期权以及标的物市场价格高于执行价格的看跌期权。

同样参照前例，对于执行价格为 80 美元 / 桶的轻质低硫原油看涨（看跌）期货期权来说，当市场价格为 85 美元 / 桶时，期权为实值（虚值）期权；当市场价格为 75 美元 / 桶时，期权为虚值（实值）期权；当市场价格为 80 美元 / 桶时，期权为平值期权。

期权基础

三、期权的权利金

权利金，即期权价格，指的是期权交易双方在进行交易时，由买方向卖方支付的购买该项权利的金额。期权价格通常是期权交易双方在交易所内通过竞价方式达成的，它由内涵价值和时间价值两部分构成，即：期权价格 = 内涵价值 + 时间价值。

（一）内涵价值

内涵价值是指立即执行期权合约时可获取的利润。如果立即执行期权不能产生正的期权价值，则内涵价值为零。因此，期权的内涵价值就是下列两者中较大的一个：（1）期权处于实值状态的量；（2）零。

我们知道，依据标的物价格与期权执行价格之间的关系，期权可分为实值期权、平值期权和虚值期权。显然，实值期权的内涵价值大于零，平值期权的内涵价值等于零，虚值期权的内涵价值也为零。

（二）时间价值

时间价值是指期权到期前，权利金超过内涵价值的部分。从数量上讲，等于期权权利金减去内涵价值。

时间价值是期货价格预期变动对期权价格变动的一种金钱上的度量。一般来说，在其他条件一定的情况下，到期时间越长，期权的时间价值就越大。因为期权到期时间越长，标的物价格对于期权买方来说有利变动的可能性越大。同样，对于期权卖方来讲，其只有义务而没有权利，因而到期时间越长，期权被履约的可能性也就越大，即期权卖方的风险越大，当然要求更多的时间价值。此时，期权买方也愿意支付更多的时间价值来购买期权以享受其带来的好处。

随着到期日的临近，期权的时间价值将逐渐衰减，并且一般情况下，衰减速度将不断加大，因为此时标的物价格对期权价格的有利变动的可能性越来越小，即期权很难从虚值向实值方向转化，而实值期权的实值程度也很难再加深。在到期日，期权就不再具有任何时间价值。值得一提的是，平值期权的时间价值最大，因为标的物价格的微小变动就可将它转化为实值或虚值期权，这种期权的投机性也最大，交易最活跃。

（三）影响期权价格的因素分析

在期权交易中，权利金是期权合约中唯一的变量，也是构建期权交易策略时必须考虑的一个因素。交易者应该综合考虑各种影响期权价格的因素，这样才能使期权价格设置更加合理。有五种因素会影响期权的价格。

1. 标的物市场价格

对于看涨期权来说，标的物市场价格越高，期权的内涵价值越大，权利金也就越高，即看涨期权价格与期货价格呈正相关关系；对于看跌期权来说，期货价格越高，期权的内涵价值越小，权利金也就越小，即看跌期权价格与期货价格呈负相关关系。

2. 执行价格

对于看涨期权来说，执行价格越高，期权内涵价值越低，权利金就越低，即看涨期权价格与执行价格呈负相关关系；对于看跌期权来说，执行价格越高，期权内涵价值越高，权利金也就越高，即看跌期权价格与执行价格呈正相关关系。

3. 期权有效期

不管是看涨还是看跌期权，随着有效期的延长，期权的时间价值趋于增大，权利金也就增大，即期权价格与标的物价格呈正相关关系。

4. 标的物价格波动率

在影响期权价格的五个因素中，波动率是最为重要的，也是最难确定的因素，它度量了标的物价格变动的不确定性。波动率越大，即标的物价格上升到很高或下降到很低的可能性也越大，卖方承担的风险就越大，要求的权利金就越高。买方为了获取更多的获利机会，也愿意为期权付出较高的权利金。相反，标的物价格的波动率越小，期权获利的可能性及大小都会降低，权利金自然会越低。

5. 无风险利率

无风险利率对于期权价格的影响较小，但却是复杂的。若期权为股票期权，则当其他变量的值保持不变，利率增加时，投资者所要求的预期收益会增加，同时期权购买者执行期权后收到的现金流的贴现值会降低，所以看涨期权价格会增加，看跌期权价格会降低。而当期权为期货期权时，利率的增长会降低看涨期权的价值，增加看跌期权的价值。总之，利率对期权价格的影响是复杂的，应根据具体情况作具体分析。

期权的价格

四、期权盈亏计算

案例 8-1：某投资者在 5 月 2 日以 20 美元 / 吨的权利金买入 9 月份到期的执行价格为 140 美元 / 吨的小麦看涨期权合约。同时以 10 美元 / 吨的权利金买入一张 9 月份到期执行价格为 130 美元 / 吨的小麦看跌期权。9 月时，相关期货合约价格为 150 美元 / 吨，请计算该投资人的投资结果（每张合约 1 吨标的物，其他费用不计）。

解析：期权的投资收益来自于两部分，即权利金收益和期权履约收益。在损益平衡点处，两个收益正好相抵。（1）权利金收益 = −20 − 10 = −30；（2）买入看涨期权，当现市场价格 150 美元 / 吨＞执行价格 140 美元 / 吨，履行期权有利可图（以较低价格买到现价很高的商品），履约盈利 = 150 − 140 = 10；买入看跌期权，当现市场价格 150 美元 / 吨＞执行价格 130 美元 / 吨，履约不合算，放弃行权。因此总收益 = −30 + 10 = −20。

五、期权交易的基本策略

期权交易的最基本策略包括买入看涨期权、买入看跌期权、卖出看涨期权和卖出看跌期权四种。

（一）买入看涨期权

交易者预期标的资产价格上涨而买入看涨期权，买方支付一笔权利金 C，买进一定执行价格 X 的看涨期权，便可享有在到期日之前买入或不买入相关标的物的权利。如果标的物市场价格高于行权价格，理论上买方可以按照行权价格买入标的物，然后按照市场价卖出标的物，由此获得收益。当收益高于支出的权利金时，就会盈利，反之亏损。当市场价格等于行权价格加权利金时，不盈不亏，我们把这时的市场价格叫作盈亏平衡点。价格上涨时也可以卖出期权平仓，从而获得权利金价差收入。价格不涨反跌，则除了平仓限制亏损外，还可以放弃权利。见图 8-1，表 8-3。

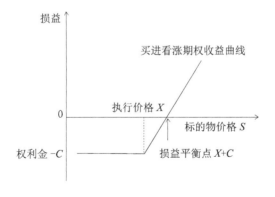

图 8-1

表 8-3

标的物资产的价格范围	看涨期权买方的盈亏
$S \leqslant X$	最大亏损 C
$X<S<X+C$	亏损 $=S-(X+C)$
$S=X+C$	盈亏平衡
$S>X+C$	盈利 $=S-(X+C)$

买入看涨期权，适用于投资者预期标的物未来价格上涨且幅度较大的情景，其最大损失为支付的权利金。

（二）卖出看涨期权

卖方的盈亏与看涨期权的买方正好相反，卖方最大收益是卖出期权获得的权利金。看涨期权卖方和买方的盈亏平衡点是一样的，卖出看涨期权的盈亏平衡点也等于行权价格加权利金。与买入看涨期权不同的是，如果到期时，标的期货价格低于盈亏平衡点，卖出看涨期权就能盈利。价格上涨至执行价格以上，期权卖方会被迫接受期权履约，以执行价格获得标的物空头，此时若按上涨的价格水平高价卖出相关标的物，会有价差损失，但权利金收入会部分弥补价差损失。在买方未提出履约之前，卖方随时可以将看涨期权平仓，从而获得权利金价差收入或损失。见图 8-2，表 8-4。

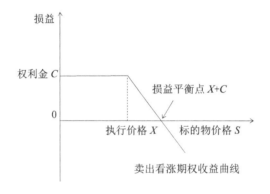

图 8-2

表 8-4

标的物资产的价格范围	看涨期权买方的盈亏
$S \leqslant X$	最大盈利 C
$X<S<X+C$	盈利 $=(X+C)-S$
$S=X+C$	盈亏平衡
$S>X+C$	亏损 $=(X+C)-S$

卖出看涨期权，适用于投资者预期标的物未来价格不涨，即下跌或小幅盘整的情景，其最大收益为收取的权利金。

（三）买入看跌期权

交易者预期标的资产价格下跌而买入看跌期权，买方支付一笔权利金 P，买进一定执行价格 X 的看跌期权，便可享有在到期日之前卖出或不卖出相关标的物的权利。标的物价格下跌至执行价格以下，便可以执行看跌期权，以执行价获得标的物空头，然后按低于执行价买入相关标的物，获得价差利润，在弥补支付的权利金后还有盈余。价格下跌时也可以卖出看跌期权平仓，从而获得权利金价差收入。价格不跌反涨，则除了平仓限制亏损外，还可以放弃权利。见图 8-3，表 8-5。

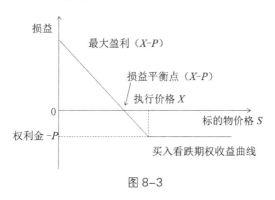

图 8-3

表 8-5

标的物资产的价格范围	看涨期权买方的盈亏
$S \geqslant X$	最大亏损 P
$X-P<S<X$	亏损 $=X-S-P$
$S=X-P$	盈亏平衡
$0<S<X-P$	盈利 $=X-S-P$
$S=0$	最大盈利 $=X-P$

（四）卖出看跌期权

与买入看跌期权相反，交易者预期标的资产价格不跌或温和上涨而卖出看跌期权，以一定的执行价格 X 卖出看跌期权，得到权利金 P，卖出看跌期权得到的是义务，而非权利。如果看跌期权的买方要求执行期权，那么看跌期权的卖方只有履行义务。标的物价格下跌至执行价格以下，期权卖方会被迫接受期权履约，以执行价格获得标的物多头，此时若按下跌的价格水平高价卖出相关标的物，会有价差损失，而权利金收入会部分弥补价差损失。但是，在买方未提出履约之前，卖方随时可以将看跌期权平仓，从而获得权利金价差收入或损失。如果标的物价格上涨至执行价格以上，买方会放弃权利，卖方获得最大收益 P。见图 8-4，表 8-6。

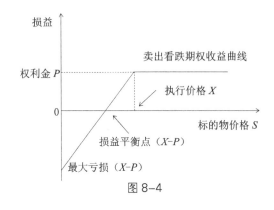

图 8-4

表 8-6

标的物资产的价格范围	看跌期权卖方的盈亏
$S \geqslant X$	最大盈利 $=X-P$
$X-P<S<X$	盈利 $=X-S-P$
$S=X-P$	盈亏平衡
$0<S<X-P$	亏损 $=X-S-P$
$S=0$	最大亏损 P

其他的期权交易策略都是由这四个基本策略组合而成的。

六、博易大师博易云软件期权功能介绍

期权交易基本策略

（一）软件概述

博易大师是国内主流的期货、证券及外汇行情显示软件，支持国内、国际期货、金融指数、外汇、期权等市场的实时行情及图表显示，支持 24 小时全球品种看盘需求。

（二）软件运行环境

博易大师 5.5 版本，可以运行在主流操作系统上，如 Windows XP、Windows 7、Windows 8 等 Windows 简体中文操作系统。

（三）系统配置

博易大师 5.5 版本对硬件要求不高，可运行在目前绝大部分 PC 及其兼容机上，要求配备不低于 Intel 酷睿 2.0 以上的 CPU，512M 以上的内存，120G 以上的硬盘，1M 以上的独享带宽。

（四）软件安装

通用版博易大师的安装文件可在澎博公司官网 http://www.pobo.net.cn/ "产品中心"页面下载。（如图 8-5）

图 8-5

其他步骤见项目二软件功能介绍，这里着重介绍项目二没有介绍的期权部分。

（五）系统界面介绍

默认情况下，客户登录软件后的起始页是上海期货交易所的报价界面，如图 8-6 所示。

图 8-6

（1）菜单栏由左向右依次为：系统、页面、板块、新闻、特色功能、澎博专栏（客户定制版面为 XX 期货专栏）、交易、工具及帮助。右端还有"交易"和"论坛"两个按钮，点击"交易"后可打开闪电手登录界面，点击"论坛"可使用默认浏览器打开"澎博财经产品问答平台"。

（2）工具栏由左向右依次为： 后退（同 ESC）、 起始页、 新闻（同 F9）、 背景资料（同 F10）、 数据刷新、 放大、 缩小（K 线状态放大缩小，分时图状态历史回忆）、 显示风格（在黑色背景和白色背景之间切换）、 画线工具（同 Alt+F12）、 预警设置、 报价（回到当前查看品种所属板块报价界面）、 走势图（所选品种分时图）、闪电图（分笔成交线图）、日（K 线）、周、月、季、X（任意天）、1（分钟）、3（分钟）、5（分钟）、15（分钟）、30（分钟）、60（分钟）、2hr（小时）、4hr（小时）、Y（任意分钟）。

（六）页面设置

1. 期权报价页面

点击左侧“期权报价”即可进入期权仿真 T 型报价页面（如图 8-7）。T 型报价是目前主流的一种期权报价方式。

T 型报价由“一横”“一竖”组成一个“T”字。“一横”为期权合约的表头，主要包括：最新、涨跌、幅度（%）、买价、卖价、总量、持仓量、隐含波动率、期权理论价值、杠杆比率、真实杠杆率、溢价率、时间价值、Delta、Gamma、Rho、Theta、Vega。“一竖”为行权价。

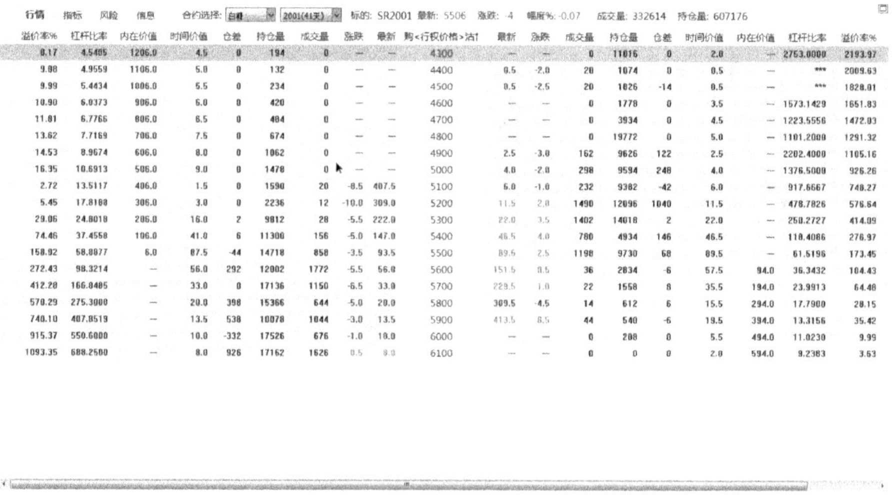

行情 指标 风险 信息 合约选择: 白糖 2001(41天) 标的: SR2001 最新: 5506 涨跌: -4 幅度%: -0.07 成交量: 332614 持仓量: 607176

溢价率%	杠杆比率	内在价值	时间价值	仓差	持仓量	成交量	涨跌	最新	购<行权价格>沽	最新	涨跌	成交量	持仓量	仓差	时间价值	内在价值	杠杆比率	溢价率%
0.17	4.5405	1206.0	4.5	0	194	0	—	—	4300	—	—	0	11016	0	2.0	—	2753.0000	2193.97
9.88	4.9559	1106.0	5.0	0	132	0	—	—	4400	0.5	-2.0	20	1074	0	0.5	—	***	2009.63
9.99	5.4434	1006.0	5.5	0	234	0	—	—	4500	0.5	-2.5	20	1826	-14	0.5	—	***	1828.01
10.90	6.0373	906.0	6.0	0	420	0	—	—	4600	—	—	0	1778	0	3.5	—	1573.1429	1651.83
11.81	6.7766	806.0	6.5	0	484	0	—	—	4700	—	—	0	3934	0	4.5	—	1223.5556	1472.03
13.62	7.7169	706.0	7.5	0	674	0	—	—	4800	—	—	0	19772	0	5.0	—	1101.2000	1291.32
14.53	8.9674	606.0	8.0	0	1062	0	—	—	4900	2.5	-3.0	162	9626	122	2.5	—	2202.4000	1105.16
16.35	10.6913	506.0	9.0	0	1478	0	—	—	5000	4.0	-2.0	298	9594	248	4.0	—	1376.5000	926.26
2.72	13.5117	406.0	1.5	0	1590	20	-8.5	407.5	5100	6.0	-1.0	232	9382	-42	6.0	—	917.6667	748.27
5.45	17.8188	306.0	3.0	0	2236	12	-10.0	309.0	5200	11.5	2.0	1490	12096	1040	11.5	—	478.7826	576.64
29.06	24.8018	206.0	16.0	2	9812	28	-5.5	222.0	5300	22.0	3.5	1402	14018	2	22.0	—	250.2727	414.09
74.46	37.4558	106.0	41.0	6	11300	156	-5.0	147.0	5400	46.5	4.0	780	4934	146	46.5	—	118.4086	276.97
158.92	58.8877	6.0	87.5	-44	14718	858	-3.5	93.5	5500	89.5	2.5	1198	9730	68	89.5	—	61.5196	173.45
272.43	98.3214	—	56.0	292	12002	1772	-5.5	56.0	5600	151.5	0.5	36	2834	-6	57.5	94.0	36.3432	104.43
412.28	166.0485	—	33.0	0	17136	1150	-6.5	33.0	5700	229.5	1.0	22	1558	8	35.5	194.0	23.9913	64.48
570.29	275.3000	—	20.0	398	15366	644	-5.0	20.0	5800	309.5	-4.5	14	612	6	15.5	294.0	17.7900	28.15
740.10	407.8519	—	13.5	538	10078	1044	-3.0	13.5	5900	413.5	8.5	44	540	-6	19.5	394.0	13.3156	35.42
915.37	550.6000	—	10.0	-332	17526	676	-1.0	10.0	6000	—	—	0	208	0	5.5	494.0	11.0230	9.99
1093.35	688.2500	—	8.0	926	17162	1626	0.5	8.0	6100	—	—	0	0	0	2.0	594.0	9.2383	3.63

图 8-7

在 T 型报价页面的左上角有两个下拉菜单，可以选择相应的标的品种及合约（如图 8-8）。例如投资者想要交易豆粕未来某一月份的期权，可通过下拉菜单轻松选中相应月份的期权合约，月份选择中输入剩余天数。

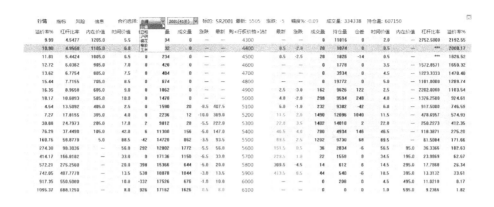

图 8-8

到期日：买方可以行使权力的最后期限。

最新价：即期权价格，也称权利金，是指期权买方为取得期权合约所赋予的权利而支付给卖方的费用。期权交易或炒卖的就是"权利金"，权利金在软件内体现为"最新价"。

行权价：也称为执行价格，是期权买方行使权利时，买卖双方交割标的物所依据的价格。

看涨期权和看跌期权：按照买卖方向的不同，可将期权分为看涨期权和看跌期权。如图 8-9，在行权价左侧是看涨期权，在行权价右侧是看跌期权。

图 8-9

实值期权、虚值期权和平值期权：按照执行期权所获得的收益情况的不同，可将期权分为实值期权、虚值期权和平值期权。如图 8-10，红色底色是实值期权，绿色底色是虚值期权，黑色底色为平值期权。

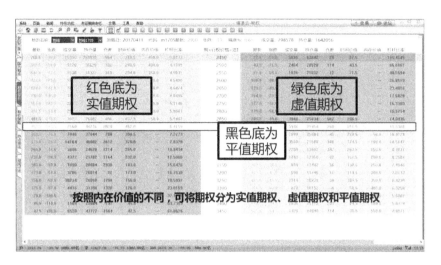

图 8-10

期权询价：如果某个合约没有报价或者报价不合理，在登录交易账号的情况下，击鼠标右键选择期权询价。在行情界面，分时图和 K 线图上都可以点击右键调用这个功能。询价后的结果显示在成交明细上方的信息窗口栏。（如图 8-11）

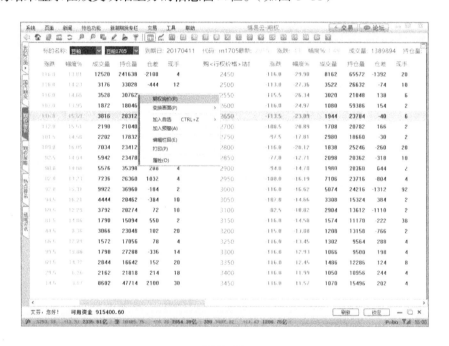

图 8-11

询价状态可在 F6 查询 – 询价查询中显示。（如图 8–12）

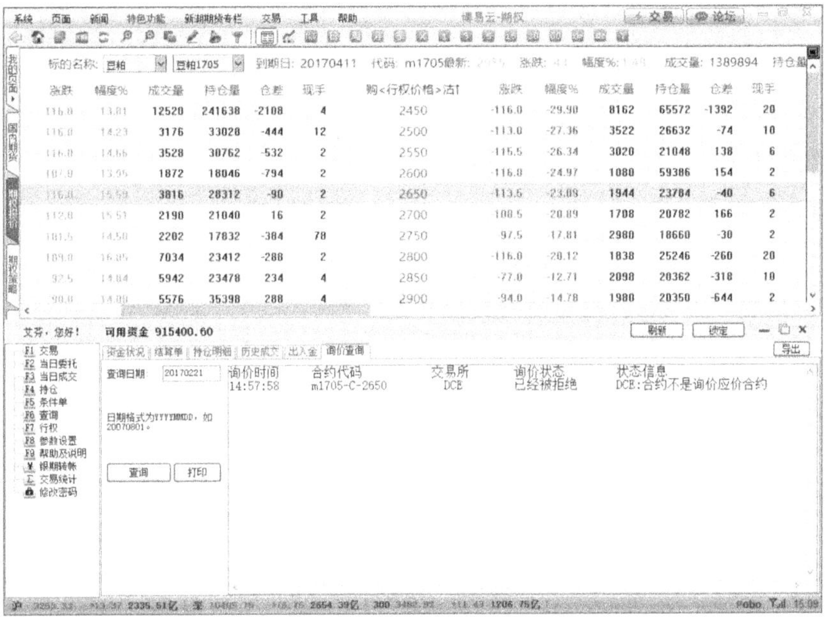

图 8–12

切换标签，快速切换期权相关数据。（如图 8–13）

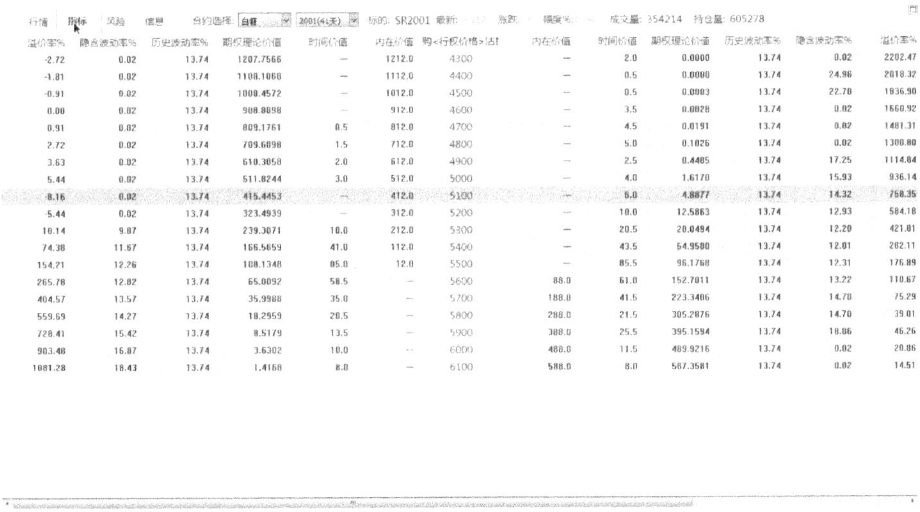

图 8–13

行情：展示用户添加或修改后的栏目数据，前几位默认为名称、最新价、涨跌、买价、卖价、成交量、持仓量、内在价值、时间价值、期权理论价值、历史波动率和隐含波动率。

指标：名称、内在价值、时间价值、期权理论价值、历史波动率、隐含波动率、溢价率、杠杆比率和真实杠杆率。

风险：名称、Delta、Gamma、Theta、Vega 和 Rho。

信息：名称、期权到期日、行权终止日、行权方式、合约单位和行权价格。

2. 期权策略页面

点击左侧"期权策略"按钮即可进入期权策略页面。在期权策略页面，用户可以选择多种系统自定义策略，也可以自定策略使用。要进入大连期权策略页面，需要在左侧选项卡中点击"期权策略"。

（1）基础策略

用户可以在左侧的系统策略栏选择需要使用的策略，鼠标移动到系统给的策略名称上会弹出相应的说明。（如图 8-14）

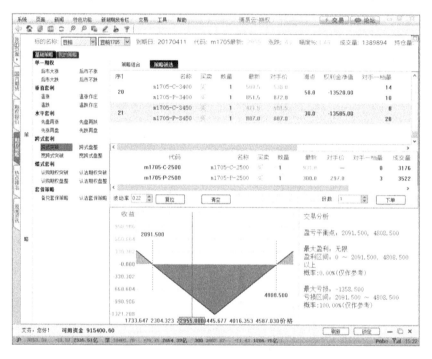

图 8-14

在选好相应的策略后，右侧的策略组合栏系统会筛选出符合策略的合约组合。（如图 8-15）

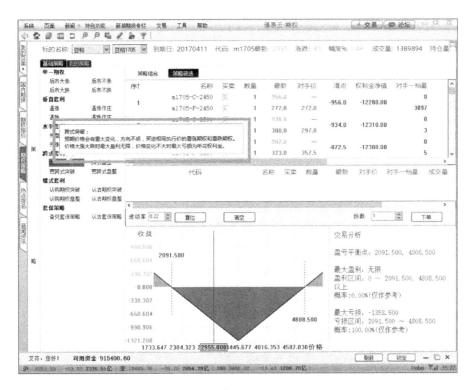

图 8-15

　　点击选择好的合约，在合约栏的下方可以将此合约组合单独列出来，并在下方显示这个合约组合的盈亏损益图和损益分析。

　　点击策略筛选可以按照成交量和持仓量筛选出符合设定要求的合约。（如图 8-16）

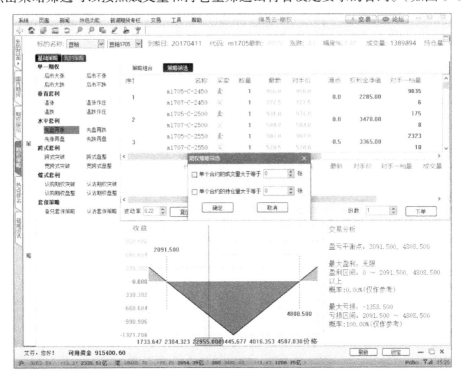

图 8-16

在选择好相应的策略，并选择相应的合约组合分数后，就可以点击下单按钮下单了。（如图 8-17）

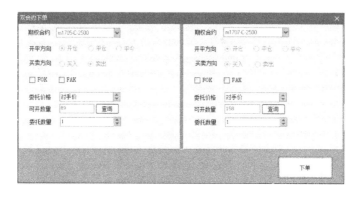

图 8-17

①立即全部成交否则自动撤销指令（FOK 指令），指在限定价位下达指令，如果该指令下所有申报手数未能全部成交，该指令下所有申报手数自动被系统撤销。

②立即成交剩余指令自动撤销指令（FAK 指令），指在限定价位下达指令，如果该指令下部分申报手数成交，该指令下剩余申报手数自动被系统撤销。

（2）"我的策略"

用户可以自定义策略，在勾选需要的合约组合后，在下方显示选定的合约列表和盈亏损益图及交易分析。点击复位按钮可以使改动的波动率还原。点击清空按钮可以去除所有勾选的合约组合。（如图 8-18）

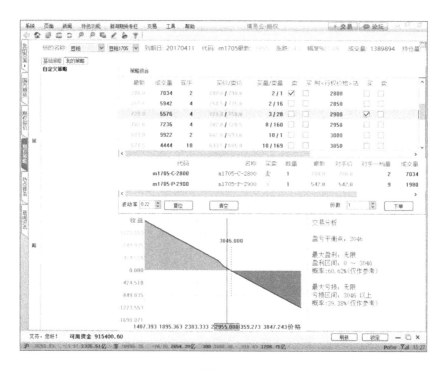

图 8-18

软件其他基本功能已经在项目二详细介绍过，这里不再重复了。

七、期权行情看盘

期权每日行情表参见表 8-19。

（1）品种代码，排列顺序为：品种合约/月份/C（看涨期权）或 P（看跌期权）/执行价格。如：SR009C5200，为白糖 2020 年 9 月到期执行价格为 5200 元/吨的看涨期权；SR009P5600，为白糖 2020 年 9 月到期执行价格为 5600 元/吨的看跌期权。

（2）昨结算价，昨结算价是 4 月 23 日期权的结算价格，结算价格是每日无负债结算的依据。

（3）今开盘、最高价、最低价、今收盘，即 4 月 24 日开盘价、最高价、最低价和收盘价，跟期货行情中的四个价格是一致的。

（4）涨跌 1，计算公式为：涨跌 1= 今收盘 – 昨结算。如：SR009C5200，4 月 24 日的涨跌 1= 今收盘 – 昨结算 =133.00-152.50=-19.50。

（5）涨跌 2，计算公式为：涨跌 2= 今结算 – 昨结算。如：SR009C5200，4 月 24 日的涨跌 2=138.00-152.50=-14.50。

（6）成交量 (手)，当日买方或者卖方共计成交的手数，用单边计算法。

（7）空盘量，又称未平仓合约量，是指尚未对冲仍、在市场上流通的某种商品的期权合约数量，故也称持仓量和空盘量，只用单边计算，即期权的买方或者卖方的数量。

（8）增减量，跟上一交易日相比较空盘量的变化数据。

（9）成交额 (万元)，即成交量和对应价格的乘积加总的总金额。

（10）DELTA，Delta 值（ δ ），又称对冲值，指的是衡量标的资产价格变动时，期权价格的变化幅度 。用公式表示：Delta= 期权价格变化 / 标的资产的价格变化。

（11）隐含波动率，隐含波动率是将市场上的期权交易价格代入 Black-Scholes 模型，反推出来的波动率数值。它反映了投资者对未来标的证券波动率的预期。

（12）行权量，该合约买方已经履约行权的数量。

表 8-19　郑州商品交易所期权每日行情表 (2020-04-24)

品种代码	昨结算	今开盘	最高价	最低价	今收盘	今结算	涨跌 1	涨跌 2	成交量（手）	空盘量	增减量	成交额（万元）	DELTA	隐含波动率	行权量
SR009C 5200	152.50	160.00	160.00	130.00	133.00	138.00	−19.50	−14.50	414	1,049	137	58.39	0.4385	16.30	0
SR009C 5300	113.50	110.00	115.00	97.50	97.50	103.00	−16.00	−10.50	575	1,949	141	60.21	0.3556	16.46	0
SR009C 5400	84.00	83.50	89.00	75.00	76.00	78.00	−8.00	−6.00	1,260	4,335	556	102.15	0.2847	16.85	0
SR009C 5500	63.00	61.00	64.00	56.00	56.00	60.00	−7.00	−3.00	1,091	3,934	97	65.49	0.2279	17.41	0
SR009C 5600	47.50	45.50	51.00	45.00	45.50	47.50	−2.00	0.00	705	3,939	0	33.61	0.1838	18.07	0
SR009C 5700	36.50	37.50	41.50	37.00	37.00	38.00	0.50	1.50	568	4,505	−163	21.93	0.1492	18.78	0
SR009C 5800	28.00	31.00	35.50	30.50	34.50	30.50	6.50	2.50	577	5,800	70	18.77	0.1210	19.52	0
SR009C 5900	22.00	24.50	29.50	24.50	27.00	25.50	5.00	3.50	338	1,937	−38	9.13	0.1007	20.26	0

续表

品种代码	昨结算	今开盘	最高价	最低价	今收盘	今结算	涨跌1	涨跌2	成交量（手）	空盘量	增减量	成交额（万元）	DELTA	隐含波动率	行权量
SR009C 6400	7.50	14.00	15.50	12.00	13.50	10.50	6.00	3.00	1,179	9,076	109	16.49	0.0424	23.77	0
SR009P 5200	193.00	200.00	228.50	198.50	228.50	221.00	35.50	28.00	276	2,239	−10	60.34	−0.5538	16.30	0
SR009P 5300	253.50	276.00	295.50	270.00	287.00	285.50	33.50	32.00	152	2,451	−9	42.53	−0.6372	16.46	0
SR009P 5400	323.50	354.00	372.00	343.00	363.00	359.50	39.50	36.00	141	2,344	−2	50.50	−0.7087	16.85	0
SR009P 5500	401.50	407.50	452.50	407.50	443.50	441.00	42.00	39.50	208	5,026	−26	90.24	−0.7664	17.41	0
SR009P 5600	485.50	493.50	540.50	493.50	536.50	528.00	51.00	42.50	117	3,526	1	60.11	−0.8115	18.07	0

以上期权数据表格来自郑州商品交易所官网。

➤ **实训要求**

1. 针对案例进行期权盈亏的计算。

2. 认识期权与期货的差异，区分不同类型的期权的异同，谈谈期权发展对市场的影响。

3. 自测题八。

期权交易行情及行权

自测题八

项目九

量化投资

➤ **能力目标**

　　了解量化投资基础知识，熟悉几款常用的量化交易软件，掌握量化策略中的单一策略和组合策略，会简单的量化策略编程。

➤ **知识目标**

　　1. 了解量化投资的优势。

　　2. 学会安装使用常用的量化交易软件。

　　3. 掌握量化策略的精髓，会比较单一策略和组合策略的优劣。

　　4. 会简单的量化策略编程。

➤ **知识链接**

一、量化投资基础知识

（一）量化交易的概念

　　量化交易是指以先进的数学模型替代人为的主观判断，利用计算机技术从庞大的历史数据中海选能带来超额收益的多种"大概率"事件以制定策略，极大地减少了投资者情绪波动对决策的影响，避免在市场极度狂热或悲观的情况下做出非理性的投资决策。

（二）国内外量化投资市场

　　量化交易在国内发展趋势明显，未来增长空间巨大。目前国内量化投资规模大概是3500亿到4000亿元人民币，其中公募基金1200亿元，其余为私募量化基金，私募基金数量达300多家，占比3%（私募基金管理人共9000多家），金额在2000亿元左右。中国证券基金的整体规模超过16万亿元，其中公募14万亿元，私募2.4万亿元，乐观估计，量化基金管理规模在国内证券基金的占比在1%～2%，在公募证券基金占比不到1%，在私募证券基金占比5%左右，相比国外超过30%的资金来自于量化或者程序化投资，国内未来的增长空间巨大。

相比国内市场，国外市场发展更早且更加成熟。

首先，从全球市场的参与主体来看，按照管理资产的规模，2018年全球排名前六位中的五家资管机构，都是依靠计算机技术来开展投资决策，而且进入2019年，由量化及程序化交易所管理的资金规模进一步扩大。

其次，从就业人员的薪资水平来看，全球超70%的资金交易用计算机或者程序进行，其中一半是由量化或者程序化的管理人来操盘。在国外招聘网站搜索金融工程师（包括量化、数据科学等关键词）会出现超过33万个相关岗位。

最后，从高校的培养方向来看，已有超过450所美国大学设置了金融工程专业，每年相关专业毕业生达到1.5万人。市场需求与毕业生数量的差距显著，因此数据科学、计算机科学、会计以及相关基础科学（STEM）的学生毕业后都有机会进入金融行业从事量化分析和应用开发的相关工作。

二、量化投资的优势

量化交易和主观交易相比具有三大优势。

优势一：现在期货交易的品种越来越多，夜盘的推出，延长了我们的交易时间，但主观交易是很难有足够的精力来应对的。这时候计算机的优势就能体现出来了，它可以提升我们交易的广度和深度，这就是量化投资的第一个优势。

优势二：量化交易中，我们使用数学模型来代替主观判断，而且这些都是逻辑性很强、进出场点位明确、同时经过长期历史测试的策略。在投资中，它能够很好地控制投资的风险，还能避免很多人性的弱点，比如说"恐惧""贪婪""没有交易计划""不严格止损""应对突发状况手足无措"等等，这样我们在交易过程中就不会再有那些非理性的行为了。

优势三：我们在跟客户交流的过程中发现，很多投资者都存在这样的问题，那就是当期货有大的单边行情出现时，他们觉得难以把握，导致常常错失大的单边行情机会。极个别客户可能把握到其中的一小部分行情，但利润甚微，这已经算比较好的情况了。还有的出现比较差的情况，就是连方向都做反了，还不断地加仓，最后的结果极其严重。而量化投资的主流思想就是趋势跟踪，作为市场的追随者，在大的单边行情出现的时候去抓机会。比如2016年四季度的橡胶行情，再比如2019年二季度后的油脂行情，当我们遇到这种大的单边行情的时候，量化策略就能够帮助我们获得丰厚的回报，取得可观的利润。量化投资的优势就是帮助投资者及时抓住机会。

三、量化投资的准备

参与量化投资所需要进行的准备工作可概括为以下三个方面。

（1）一台服务器。首先在工具上，我们需要一台运行量化策略的服务器。现在有各种各样的云服务器，租用非常方便，这些服务器的质量经测试均合格可用。

（2）交易软件。交易软件同样也有很多选择，比如文华、开拓者、金字塔等等。我们可以根据个人喜好或实际的情况进行选择。

（3）量化知识储备。如果我们工具都准备好了，那么接下来还需要准备一些知识，也就是量化知识储备，为此我们需要进行一定的学习。信达期货的量化培训系列视频课程，可以帮助大家在这一点上完善。课程会全面讲述包括"服务器""软件交易"等方方面面的内容。

零基础学量化 1

四、几款常用的量化交易软件

以下介绍几款常用的量化交易软件，用户可以根据自己的实际情况和喜好进行选择。

（一）文华财经赢智 WH8

首先介绍目前市面上使用较多，对初学者来说最容易上手的软件，文华财经赢智，目前赢智的版本是 wh8。

图 9-1、9-2 是进入赢智交易软件后的主界面，在这里要特别提醒大家的是，如果想要使用 wh8 文华赢智的 64 位版本，那么需要配套一个 64 位的 Windows 系统才可以运行。一般的使用步骤是先编写或调用交易策略，如图 9-3、9-4。我们点击右边的编写选项，编写趋势跟踪模型。做程序化自动交易，首先要有模型，这里的模型是指在编辑平台上使用麦语言编写包含变量、交易条件、交易指令等的源码，程序会按照模型编写的条件进行执行。进入编写策略的界面，我们可以从左边调取已有的策略，也可以用文华的语言进行新的策略编写。初学的投资者可能会在编写过程中遇到各种问题，这时可以点击右上角的帮助，进入论坛提问，会有专门的工作人员、论坛网友为大家解答问题。有了模型之后，我们不应该马上进行实盘交易，因为我们不了解模型，不知道它与我们的交易思路是否相符，盈利率是多少，胜率是多少，多久会出一次交易信号等等，只有了解了模型，信任模型之后，我们才能放心地在实盘中运用它。所以在实盘交易前，我们需要检验模型在历史上 K 线的效果，如图 9-5、9-6、9-7、9-8、9-9、9-10、9-11 所示，图中演示了如何加载模型并查看回测报告。加载模型后，点击回测报告按钮，查看报告，加载在主图上的模型可查看详细的模型分析报告，全面检验模型。仅有模型是不能进行全自动交易的，我们需要将模型、合约、周期 K 线、委托手数等组合成一个模组才能全自动下单，在这之后我们可以对全自动策略进行优化，并加载在合适的合约上进行全自动交易。

第一步：软件登录。（如图 9-1、9-2）

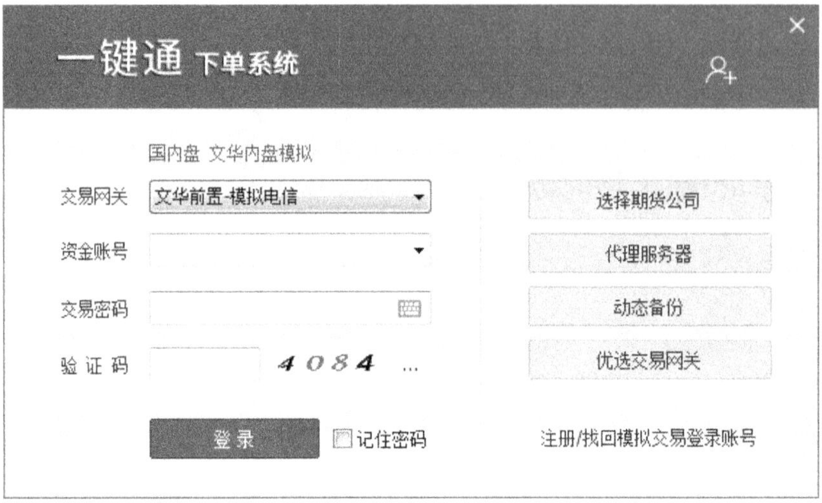

图 9-1

图 9-2

第二步：编写模型。（如图 9-3、9-4）

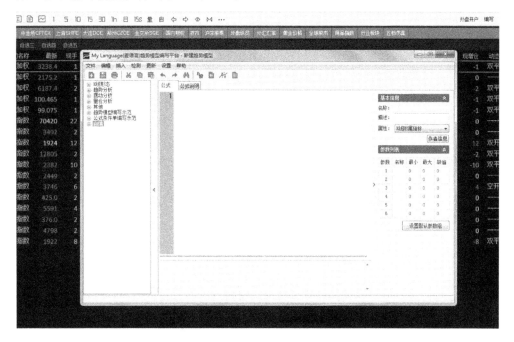

图 9-3

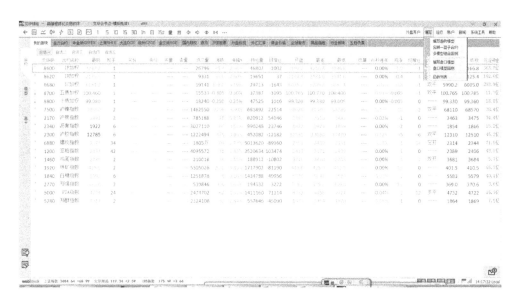

图 9-4

第三步：加载品种。（如图9-5、9-6、9-7）

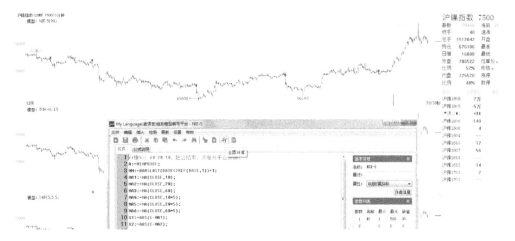

图 9-5

图 9-6

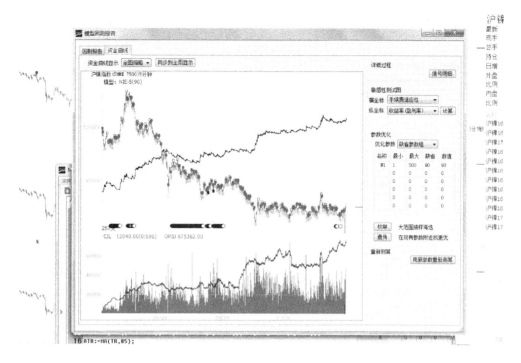

图 9-7

第四步：装入模组。（如图 9-8、9-9、9-10）

图 9-8

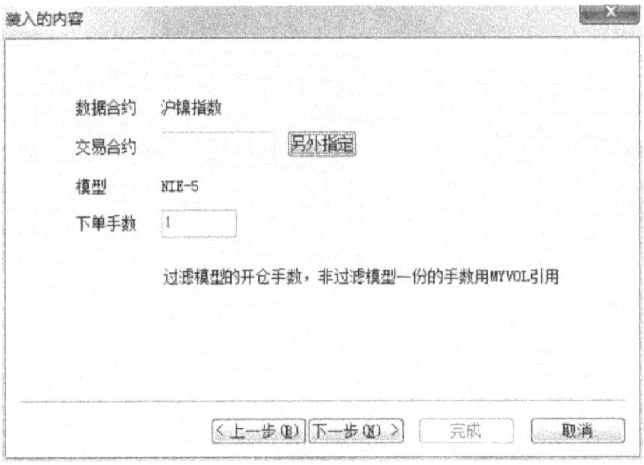

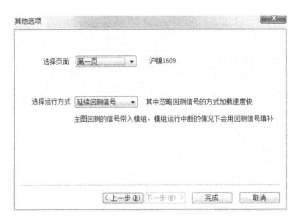

图 9-9

图 9-10

第五步：自动交易。（如图 9-11）

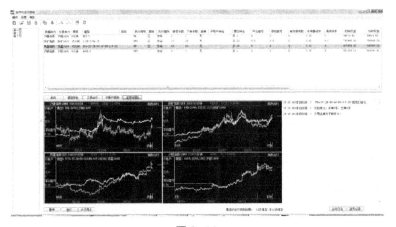

图 9-11

（二）交易开拓者 TB

接下来我们为大家介绍一下交易开拓者，也就是我们所说的 TB 交易系统。同文华一样，开拓者也需要在官网进行注册和下载，然后连接服务器获取行情数据。开拓者的界面有一个工作区和一个工作室的概念，我们可以把关注的合约选中，放在工作区里，并且通过切分窗口在同一个页面看到更多数据，多个工作区可以保存为一个工作室。要调用或编写策略，可以通过以下路径：文件—新建 TB 公式—用户函数。开拓者的语言要比文华复杂不少，需要一定的语言基础，而当遇到困难的时候，我们也可以通过技术支持按钮获取帮助，一般最常用的是 QQ 咨询。

第一步：软件登录。（如图 9-12）

图 9-12

第二步：超级图表。（如图 9-13）

图 9-13

第三步：新建应用。（如图9-14、9-15、9-16）

图9-14

图9-15

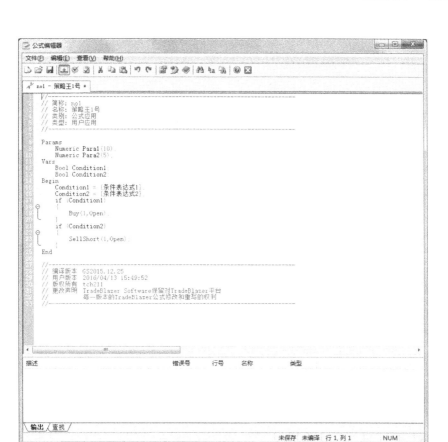

图 9-16

第四步：插入应用。（如图 9-17、9-18）

图 9-17

图 9-18

第五步：自动交易。（如图 9-19）

图 9-19

（三）金字塔软件

最后我们为大家介绍金字塔软件。与其他软件类似的功能，我们这里就不多展开讲解。我们直接为大家介绍如何进行交易相关的操作，先来了解图表程序化交易。首先打开管理面板，如果要编写交易公式就要点交易系统。然后把已有的交易策略双击加载，策略里面的具体内容，可以右键进行几何修改。最后，点击交易，选择图表程序化交易。详见视频内容。

金字塔比较有特色的功能——公式调试功能。

调试方法主要有三种：

第一种是基于图表的公式调试，也就是在主图之上，通过十字光标的移动实现调试。

第二种是金字塔公式调试器，这是从 2.7 版本后增加的重量级功能。

第三种是通过记录日志的方式进行调试，一般应用于后台程序化交易，具体的方法我们可以在交易系统的编辑器的右下方，点击教程，进行具体的学习。

此外，关于策略优化的细节，我们也会在未来的视频课程中为大家具体讲解。下一期的视频我们将为大家讲解服务器的租用及如何在服务器上进行软件安装配置。

五、云服务器

上一节为大家讲解了三款常用的程序化交易软件，以便大家根据自己的实际情况进行选择。

我们要进行程序化交易，除了软件之外，还需要租用云服务器。

（一）云服务器的基本概念

什么是云服务器？云服务器又称作云主机，是云计算服务体系中一项主机产品，主机服务配置与业务规模，可根据用户的需求进行配置并灵活调整。用户无须支付押金且有多种支付方式，供用户选择。

（二）云服务器适合的用户

一是对主机运行效率相对要求较高的用户。

二是需要长时间进行实盘交易的用户。

三是对交易速度有较高要求的用户。

四是希望轻松管理交易系统的用户。

（三）云服务器的租用

这里，我们以阿里云为例。我们可以通过百度搜索进入阿里云官网，找到云服务器，点击购买。进入服务器，选择界面，然后点击购买。在服务器的购买界面，有很多选项供大家选择，比如地域、内存、CPU 等，我们可以根据实际情况进行选择。大部分客户可以选择配置为 4G 内存、两核 CPU、3M 宽带。"华东一"站点是杭州站点，"华东二"站点是上海站点。为了追求更快的交易速度，可以选择"华东二"上海站点。选择完毕之后，点击购买进入购买页面。购买完成后，我们会收到 IP 地址、用户名密码。打开电脑点击开始菜单运行，然后输入 mstsc，点击确定。在弹出的对话框内输入 IP 地址，点击链接按钮，然后按照要求输入用户名和密码，即可登录云服务器。

六、量化策略

我们已经为大家讲解了量化交易所要用到的各种软件以及云服务器的相关内容，接下来我们将带领大家进入量化交易的核心部分——量化策略。量化策略其实是用特定的语言编写出的交易规则，在量化交易中计算机会按照量化策略，严格执行交易。我们先来了解一下量化交易策略的设计理念。

（一）量化交易策略的设计理念

设计量化交易策略的理念主要分为两类。一类是从过去的主观交易经验出发，将经验和方法形成程序，并进行一定的优化改进，让计算机实现自己的交易思想。大部分的均线突破策略，就是在这样的理念下设计出来的。另一类则是从实际盘面出发，通过挖掘数据，寻找适合市场规律的交易思路，例如一些统计套利策略。

（二）量化交易策略的设计原则

首先，一个好的量化策略，要有通用性。这里我们所说的通用性，是指多品种通用、跨市场通用、多风格通用。简单来说，一个好的量化策略，不会只在一个特定的品种或者特定的时间区域内有效。

其次，一个好的量化策略要有确定性，也就是说没有未来函数、没有偷取价格、没有过分拟合。一旦有上述情况出现，策略在实盘中就会有失效的可能。

最后一个原则是个性化。交易中每个投资者的个人情况各不相同，资金状况、风险承受能力、个性、心态等都不一样。投资者在交易中，应当在充分了解自身实际情况的前提下，选择适合自己的量化策略，这样才有利于长期坚持使用、运行量化交易。在实际交易过程中，通常一套策略是不能够满足我们的交易要求的，很多量化投资者为了使实际效果更理想，会使用组合策略。

后面我们将为大家对比分析单一策略和组合策略的效果差异。

七、单一策略和组合策略

零基础学量化 4

前面我们为大家讲述了设计量化策略的理念与原则。那么当一个策略开发完毕，经过测试，确实表现优秀，是不是意味着这个策略就能够在未来的期货市场上帮助投资者盈利呢？显然，这并不一定。单一的策略即便在历史回撤数据中结果再好，也不一定能应对未来的期货市场。通常，单一的策略在实盘中尽管会有一定的盈利能力，但是回撤率以及资金的波动会让投资者觉得并不太满意。

图 9-20 是国内某顶尖量化投资公司在实盘中所表现出来的收益曲线。

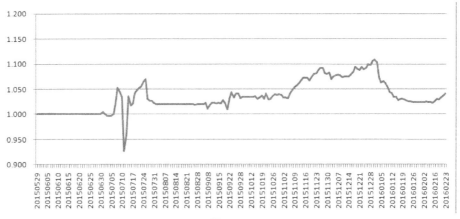

图 9-20

可以看到，再高明的交易也可能会被很多东西所影响，如行情的变化、消息面的冲击、"黑天鹅"事件等等。显然，任何策略都有它不适应的时期。单一策略，在风险控制上即便有科学的止损手段和高水平的资金管理，也很难应对未知的行情变化。

为了让我们的投资更加稳健，收益曲线更为平滑，我们就必须采用多策略、多品种的战术。期货市场是由不同投资逻辑的群体构成，不同群体的博弈结果决定了价格的变化。每一个策略应对一类投资逻辑，通过汇总模拟市场的现状，从而达到在大概率上战胜市场。不排除某个策略会在一定时期内产生波动，但不会在同一时间所有的策略同时失效。因为通过多种投资逻辑精选出能够长期产生持续正收益的投资组合，能够积小胜为大胜。而且多品种、多策略的投资体系资金容载量大，不受单一市场行情及政策的影响，与整体市场牛熊关联度低，独立性强，有很强的适应性。

图 9-21 是六个策略分开使用和一起使用时的效果对比。

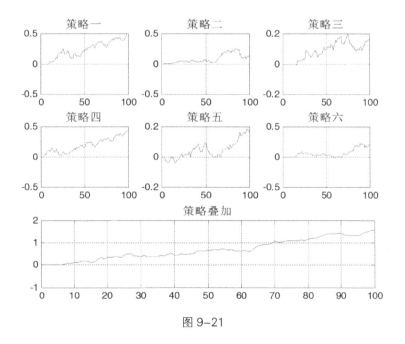

图 9-21

我们可以发现，单一策略尽管在总体收益率上可以令人满意，但收益曲线大多不太平滑，有些甚至出现了极大的回撤。而叠加策略使用后，不仅收益率还能够保持在较高的水平，而且回撤率明显缩小。这样的稳健盈利才是我们追求的目标。

当然，一套好的策略组合是由多个优秀的单策略构成的，其中的每一个策略都是精雕细琢而成。投资者在学习的过程中也应当从基础做起，踏踏实实地对每一个策略进行设计、编写、优化和测试。而在这一系列过程中，我们首先要具备一定的交易思路。后面我们将会为大家介绍一些经典量化策略的交易思路。

零基础学量化 5

八、经典量化策略的思想

我们来为大家介绍一下量化交易者使用最为广泛的策略类型——趋势跟踪策略。趋势跟踪是目前量化交易的主流思想，我们平时常说的"金叉做多""死叉做空"，就是典型的趋势跟踪策略。

通常均线系统是判断趋势最为主要的工具，这里我们可以构建一个均线系统的模型。以最简单的 5 日均线和 10 日均线来说，当短周期均线上穿长周期均线的时候。我们认为短期多空平衡的局面被打破，多方占据优势，也就是说可以尝试做多。同样的道理。短周期均线下穿长周期均线的时候，就是做空的时机。在大的单边行情来临的时候，趋势跟踪策略能够帮助我们顺势操作，获得丰厚的利润。那么在震荡行情的时候，我们就需要用到回归策略。回归策略的思想在某种程度上和趋势跟踪模型相反，其思想在于价格上下波动。当价格过高的时候，则下跌为大概率事件，而当价格过低时，则上涨是大概率事件，BOLL 通道就是典型的回归策略指标，让我们来看一下 BOLL 通道的原理。首先要构建 BOLL 通道的中轨，一般取 N 个周期的收盘价价格均线。然后再构建 BOLL 通道的上下轨，上下轨距离中轨的距离为 M 周期内收盘价格标准差。那么上下两轨即为如下表达：两条轨道之间的空间，我们称之为 BOLL 带。我们认为价格在 BOLL 带以内波动，是大概率事件。当价格上穿布林带上轨或下穿布林带下轨时，我们就可以采用反方向交易。

经过本期的学习，相信大家应该对两大主流量化交易策略有了大致的概念，我们可以在这基础上举一反三，不断地进行测试和优化，来尝试开发自己的策略。但是再好的策略也不可能是圣杯，在实际的交易过程中，都会遇到风险。

零基础学量化 6

九、量化交易的三大风险

前面我们为大家分析了几种经典的量化交易策略。在交易过程中，我们通过多策略、多品种的手段，进行分散投资，可以有效降低风险、控制回撤。然而风险是永远存在的，和主观交易一样，量化交易也同样面对主观风险、博弈风险和系统风险这三大类风险。

首先是主观风险。主观风险主要是指投资者本身无法避免的恐惧和贪婪心理及情绪管理方面的风险，即便是运用量化工具来进行投资，此类人性的弱点依然会对我们造成影响。当然比起主观交易者，量化投资者的心理规避优势以及情绪管理优势还是非常明显的。

其次是博弈风险。博弈风险是任何投资行为本身都具有的一种属性。在我们追求盈利的过程中，必须付出一定的代价。任何的交易策略和交易系统都需要包容及承担一定的博弈风险，所以从这个层面来讲，量化交易会通过大量的历史数据进行运算和测试，进行多策略配置，从而帮助我们规避一些不必要的博弈风险，达到长期盈利的目的。这一点是主观交易无法做到的。

最后一类风险，就是系统性风险。系统性风险是始终存在的，从某种程度上讲，甚至是不可避免的。当系统性风险发生时，在短时间内即便是再优秀的交易策略，都可能会失效。然而投资就像马拉松比赛，虽然短期的盈亏难以控制，但是只要保持良好的资金管理水平，以及足够的耐心，即便遇到系统性风险，我们依旧能够冷静应对。长期的盈利水平依旧会接近理论值。

我们再来说说如何应对风险，以及降低风险。

首先，从交易者本身来说，在投资之前，要从了解自身出发。了解自己的收益预期、财务状况、风险承受能力等，这样才能够更好地在漫长的交易过程中保持理智。只有做好自己的情绪管理工作，让自己在投资过程中保持平和的心态，才能更好地坚持自己的交易策略，做到不干预策略执行。

其次，从交易策略上来说，一定要有良好的资金管理方案、止损的设定。既要保证数据分析层面的科学性，也要兼顾投资者本身的实际情况，并且坚持多品种、多策略、多周期的配置方式，分散投资风险。在漫长的量化交易过程中，风险控制本身就是一门深奥的学问，因此需要投资者不断学习和进步，来适应瞬息万变的市场。

到目前为止，信达期货量化系列帮助投资者对期货量化交易有了一定的初步认识。在下一阶段，我们将逐步讲解如何具体地使用量化交易软件，以及如何编写量化交易策略。

零基础学量化 7

十、量化交易编程

在编程的过程中，我们需要引用很多的行情数据，比如常规的"高开低收"、成交量、持仓量等等。对于大多数的数据，我们都可以通过系统自带的函数将其引用。例如我们输入"Open"就能获取到开盘价这一数据。在编写模型时，我们可以通过这些数据之间的加减乘除来得到我们想要的分析数据。比如想知道当天的价格波动范围，就可以利用最高价和最低价相减来实现。这里需要注意的是，在编程中我们用到的全部是大写字母。

接下来是数据的引用，相对来说要复杂一些。例如，假设现在我们以一小时 K 线为周期进行模型编写，但是模型数据需要引用到日 K 线的最高价。那么这时候，Import 函数就可以帮助我们跨周期引用数据。基本的格式为：

#IMPORT[PERIOD,N,FORMULA]ASVAR

表示引用 N 个 Period 周期上的数据，数据的定义来自模型 Formula。

我们先编写一个模型，定义我们需要的跨周期数据，也就是最高价：

HH:=HIGH;

这里需要注意的是，数据的赋值可以有":"": =""..""~"四种方法，在后面的课程中我们会讲到。

然后把这个模型保存，假设命名为 FF。

那么我们在模型里，调取日 K 线的最高价就可以这样编写：

#IMPORT[DAY,1,FF]ASVAR

HDAY:=VAR.HH;

也就是说用 Import 函数调用一天周期的数据，数据的定义来自之前保存的模型 FF。

这里的 HDAY 就是我们想要的日 K 线的最高价。需要注意的是，在编程的过程中，每一行都要以分号";"结尾，而 Import 这一行则不需要分号。

下面是另一个例子。假设我们在豆油指数的基础上编写程序，但是在模型中需要用到棕榈油指数的数据，如收盘价 Close。这时候我们需要用到函数 Call 来跨合约调取数据，以下为基本格式：

#CALL[CODE,FORMULA]ASVAR

和之前的 Import 函数类似，这里的 Formula 是我们提前编写好的另一个模型，而 CODE 是文华码，在文华财经软件中，我们可以看到每个合约的文华码。

这里的编写步骤和之前的跨周期引用类似。首先建立一个模型，定义收盘价：CC：=CLOSE;，保存并命名为 fff。查询得到棕榈油指数的文华码为 1120，那么我们就可以调取棕榈油指数的收盘价，编写过程如下：

\#CALL[1120，FFF]ASVAR

CP:=VAR.CC;

这里的 CP 就是我们需要的棕榈油指数的收盘价数据。

（一）策略编写基础一：文华财经赢智 WH8

1. 交易指令

CLOSE>MA(CLOSE,5),BK(1);	// 收盘价大于 5 周期均线，买开仓
CLOSE<MA(CLOSE,5),SK(1);	// 收盘价小于 5 周期均线，开空头
CLOSE>MA(CLOSE,5),BP(1);	// 收盘价大于 5 周期均线，平空
CLOSE<MA(CLOSE,5),SP(1);	// 收盘价小于 5 周期均线，平多
CLOSE>MA(CLOSE,5),BPK(1);	// 收盘价大于 5 周期均线，先平空头再买开仓
CLOSE<MA(CLOSE,5),SPK(1);	// 收盘价小于 5 周期均线，先平多头再开空头
CLOSEMINUTE<=5,CLOSEOUT;	// 收盘前 5 分钟，清仓

2. 基础数据

Open　　　// 当前 K 线的开盘价

High　　　// 当前 K 线的最高价

Low　　　// 当前 K 线的最低价

Close　　　// 当前 K 线的收盘价

Minprice　// 当前商品的最小变动价位

Ref　　　// 向前引用数据

例子：

If(Close>Ref（Close,1））

{

　　Buy(1,Close);

}

pi　　　// 当前 K 线的持仓

Vol　　　// 当前 K 线的成交量

Time　　　// 当前 K 线的时间

Data　　　// 当前 K 线的日期

3. 基本函数

金融统计函数：平均值、计数、最高最低值、抛物转向等函数；

数理统计函数：相关系数、标准差、协方差等函数；

数学函数：绝对值，取整数，取余数，取幂，取根等函数；

逻辑判断函数：介于两者之间、交叉函数、条件函数等函数；

时间函数：日期、时、分、秒、距收盘前时间、K 线位置等函数；

计算控制函数：日内 / 月内交易函数、设置 K 线提前走完发出信号等函数；

信号记录 / 执行函数：上一个开平仓位置、开仓以来最低最高价等函数；

头寸函数：开仓手数、最大连续盈亏额、资金使用率、可用资金等函数；

基本面函数：返回基本面具体数据，判断是否发生突发情况；

加密函数：用于使用期限的模型加密，用于行情或资金账号的模型加密；

其他函数：如循环执行函数、优化函数、绘图函数等。

数据是量化模型的零件。学会了如何引用数据之后我们就可以进一步学习如何将这些零件组成一个完整的模型了。

4. WH8 特色

```
#CALL                      // 跨合约引用指标
#IMPORT                    // 跨周期引用指标
CLOSEKLINE                 //K 线周期提前 N 秒执行已触发的信号
CLOSEKLINE_MIN             //K 线周期提前 N 分执行已触发的信号
PANZHENG                   // 判断当前行情是否为盘整
C>HV(H,4),BK;              // 价格大于前四个周期高点开多仓。
C<MA(C,5),SP;              // 价格小于 5 周期均线，平多仓。
CLOSEKLINE(1,10);          // 设置收盘前的最后一根 K 线提前 10 秒走完。
//CLOSEKLINE_MIN(1,2);     // 设置收盘前的最后一根 K 线提前 2 分钟走完。
AUTOFILTER;                // 自动过滤交易信号。
```

（二）策略编写基础二：交易开拓者 TB

1. 交易指令

交易策略指令的代码写法会因为交易思想及编程习惯因人而异，在此按常用的功能点列出代码示例，用户可根据自己的需要选择对应的代码进行组合。这里我们以案例模板进行举例说明，下方案例模板以止赢 30 跳，止损 20 跳为例，也可以转换为开仓价格的百分比值，或其任何设置的变量进行处理。

```
Vars
    Numeric MinPoint;             // 一个最小变动单位，也就是一跳
    Numeric MyEntryPrice;         // 开仓价格，本例是开仓均价，也可根据需要设置
为某次入场的价格
    Numeric TakeProfitSet(30);    // 止赢设置
    Numeric StopLossSet(20);      // 止损设置
    Numeric MyExitPrice;          // 平仓价格
```

```
Begin
    ...
    MinPoint = MinMove*PriceScale;
    MyEntryPrice = AvgEntryPrice;
    If(MarketPosition==1) // 有多仓的情况
    {
        If(High >= MyEntryPrice + TakeProfitSet*MinPoint)   // 止赢条件表达式
        {
            MyExitPrice = MyEntryPrice + TakeProfitSet*MinPoint;
            If(Open > MyExitPrice) MyExitPrice = Open;      // 如果该 Bar 开盘价有跳空触发，
则用开盘价代替
            Sell(0,MyExitPrice);
        }else if(Low <= MyEntryPrice – StopLossSet*MinPoint)// 止损条件表达式
        {
            MyExitPrice = MyEntryPrice – StopLossSet*MinPoint;
            If(Open < MyExitPrice) MyExitPrice = Open;      // 如果该 Bar 开盘价有跳空触发，
则用开盘价代替
            Sell(0,MyExitPrice);
        }
    }else if(MarketPosition==–1) // 有空仓的情况
    {
        If(Low <= MyEntryPrice – TakeProfitSet*MinPoint)    // 止赢条件表达式
        {
            MyExitPrice = MyEntryPrice – TakeProfitSet*MinPoint;
            If(Open < MyExitPrice) MyExitPrice = Open;      // 如果该 Bar 开盘价有跳空触发，
则用开盘价代替
            BuyToCover(0,MyExitPrice);
        }else if(High >= MyEntryPrice + StopLossSet*MinPoint)// 止损条件表达式
        {
            MyExitPrice = MyEntryPrice + StopLossSet*MinPoint;
            If(Open > MyExitPrice) MyExitPrice = Open;      // 如果该 Bar 开盘价有跳空触发，
则用开盘价代替
            BuyToCover(0,MyExitPrice);
        }
    }
    ...
End
```

注意事项：

因无法确认开仓 Bar 最高 / 低价和开仓价的先后顺序，因此以上写法一般忽略开仓

Bar 的处理。

如果某个 Bar 最高 / 低价相差很大，可能出现止赢止损同时满足的情况，这种情况下需要切换到更小的周期进行交易，或者扩大止赢 / 损幅度。

2. 基础数据

Open	// 当前 Bar 的开盘价
High	// 当前 Bar 的最高价
Low	// 当前 Bar 的最低价
Close	// 当前 Bar 的收盘价（注意）
Openint	// 当前 Bar 的持仓
Vol	// 当前 Bar 的成交量
Time	// 当前 Bar 的时间
Data	// 当前 Bar 的日期
Currentbar	// 当前 Bar 的索引值（计数用）
Barstatus	// 当前 Bar 的状态值

例如：

```
If(Close>Close[1])
{
    Buy(1,Close);
}
```

3. 基本函数

数据函数：开盘价、最高价、最低价、收盘价、持仓、成交量等；

时间函数：取年、月、星期、日、时、分、秒、时间间隔等；

数学函数：取绝对值，取整数，取余数，取幂，取根等；

交易函数：开多头、平多头、开空头、平空头；

属性函数：当前商品的最小变动量、周期、最后交易日、代码等；

账户函数：取持仓、取均价、取盈亏、取保证金、委托、撤单等；

字符串函数：数字转化为字符串、字符串转化为数字、清除空格等；

其他函数：颜色函数、枚举函数、策略性能函数等

4. TB 特色

多品种交易

下方案例模板以常用的双均线系统为例，对主图商品和叠加商品分别进行交易。

```
Params
    Numeric FastLength1(5);      // Data0 的短周期参数
    Numeric SlowLength1(20);     // Data0 的长周期参数
    Numeric FastLength2(5);      // Data1 的短周期参数
    Numeric SlowLength2(20);     // Data1 的长周期参数
```

```
Vars
    NumericSeries AvgValue11;
    NumericSeries AvgValue12;
    NumericSeries AvgValue21;
    NumericSeries AvgValue22;
Begin
    AvgValue11 = AverageFC(Data0.Close,FastLength1);
    AvgValue12 = AverageFC(Data0.Close,SlowLength1);
    AvgValue21 = AverageFC(Data1.Close,FastLength2);
    AvgValue22 = AverageFC(Data1.Close,SlowLength2);

    If(Data0.MarketPosition <>1  AvgValue11[1] > AvgValue12[1])
    {
        Data0.Buy(1,Data0.Open);
    }

    If(Data0.MarketPosition <>-1  AvgValue11[1] < AvgValue12[1])
    {
        Data0.SellShort(1,Data0.Open);
    }

    If(Data1.MarketPosition <>1  AvgValue21[1] > AvgValue22[1])
    {
        Data1.Buy(1,Data1.Open);
    }

    If(Data1.MarketPosition <>-1  AvgValue21[1] < AvgValue22[1])
    {
        Data1.SellShort(1,Data1.Open);
    }
End
```

注意事项：

针对不同的商品的数据进行计算或交易，需通过 Data# 这样的方式添加前缀，Data0 可以省略不写。

Data# 的顺序和超级图表中商品设置界面的顺序相同，必须要叠加足够的商品才能保证代码正常执行。

希望各位投资者能够在观看视频之后自己尝试编写，以便巩固所学内容。

零基础学量化 8

144

➤ **实训任务**

1.下载安装使用常用的三大量化交易软件。

2.进行简单的量化策略编程。

参考网址:

http://www.tradeblazer.net/service/home.html

https://www.wenhua.com.cn/new_guide/Wh8/view4_4.html

https://cxh.wenhua.com.cn/index.asp

参考文献

[1] 中国期货业协会. 期货及衍生品基础 [M]. 1 版. 北京：中国财经经济出版社，2019.

[2] 中国期货业协会. 期货投资分析 [M]. 1 版. 北京：中国财经经济出版社，2019.

[3] 黄海沧，等. 期货交易精要及案例 [M]. 2 版. 杭州：浙江大学出版社，2010.

[4] 舒苏平，陈挺. 期货投资实训 [M]. 北京：经济科学出版社，2008.

[5] 杨树林，等. 个人理财一本通——股指期货投资 [M]. 北京：科学出版社，2008.

[6] 李尉. 中国期货市场量化交易 [M]. 北京：清华大学出版社，2018.

[7] 刘仲元. 股指期货教程 [M]. 上海：上海远东出版社，2007.

[8][美] 威廉·D. 江恩. 如何从商品期货交易中获利 [M]. 李国平，译. 北京：机械工业出版社，2011.

[9] 王伟，李遒，何剑桥. 期权 36 课 [M]. 北京：清华大学出版社，2018.

[10] 中国期货业协会网站：http://www.cfachina.org/

[11] 大连商品交易所网站：http://www.dce.com.cn/

[12] 上海期货交易所网站：http://www.shfe.com.cn/

[13] 郑州商品交易所网站：http://www.czce.com.cn/

[14] 中国金融期货交易所网站：http://www.cffex.com.cn/

[15] 期权中国网站：http://www.qiquancc.com/

[16] 上海澎博财经资讯有限公司：http://www.pobo.net.cn/

[17] 信达期货网站：http://www.cindaqh.com/